跨学科语文创意作业3

主　编：何　捷
副主编：谢晓丽
执行主编：殷　霞　吴振芬
插画绘制：吴建华

山东城市出版传媒集团·济南出版社

图书在版编目（CIP）数据

跨学科语文创意作业 . 3 / 何捷主编 . -- 济南 : 济南出版社 , 2022.8

ISBN 978-7-5488-5178-3

Ⅰ . ①跨… Ⅱ . ①何… Ⅲ . ①小学语文课—教学参考资料 Ⅳ . ① G624.203

中国版本图书馆 CIP 数据核字 (2022) 第 139722 号

跨学科语文创意作业 3 上册　　何 捷 主编

出 版 人：田俊林
图书策划：李圣红　董慧慧
责任编辑：董慧慧　陶　静
封面设计：八　牛
插画绘制：吴建华
版式设计：张　倩
内文排版：郭春兰
出版发行：济南出版社
地　　址：济南市二环南路 1 号
邮　　编：250002
印　　刷：济南新先锋彩印有限公司
成品尺寸：185mm × 260mm　16 开
印　　张：18.5
字　　数：213 千
版　　次：2022 年 8 月第 1 版
印　　次：2022 年 10 月第 1 次印刷
书　　号：ISBN 978-7-5488-5178-3
定　　价：45.00 元（上下册）

序言

“双减”后的周末，“出去疯”还是“家里蹲”

2021 年 7 月，国家出台文件，“双减”政策正式落地。2022 年 4 月，《义务教育语文课程标准》颁布，提出“跨学科学习”任务群。

两件大事的发生，让我们不得不思考——

“双减”后的周末，作业如何设计？学生怎么做？是“出去疯”还是“家里蹲”？

答案非常明确——“出去疯”。

理由也很充分：首先，“出去疯”才有可能强身健体，而体力是人最核心的后盾；其次，“出去疯”，更重要的是感受自然，让大自然成为学生最亲近的老师；最后，出去疯还有一个重要意图，让学生融入社会，体验风物人情。

“跨学科学习”这一任务群，也会在这样的学习方式转变中，得以分期实施，逐步完成。

为此，我和团队的小伙伴为 1-6 年级的同学们，专门设计了这套书。伴随着这套作业，小学 1-6 年级的同学们，将度过童年美妙的“浪漫”时光。

这原本就是小学阶段应有的“浪漫”，也是人成长的“必经阶段”。

英国哲学家怀特海在他的《教育的目的》演讲中，早就为我们划定了 12 岁之前的“浪漫阶段”。如今，“双减”政策落地后，让社会、大自然成为一种全新的学校样态，让同学们从反复的机械式刷题和为考试而学的漩涡中解脱出来，让未来我们需要的接班人健康成长。

未来，国家建设更需要的是健康、健全、健美的人。如果长大后依然四肢无力、头脑发达，我们就难以更好地实现人生目标；如果长大后只能够解题，而不懂应用，我们也就难以承担重任；如果长大后非常冷漠、自私，不能体察人间冷暖，

我们就更难以与人合作，共创未来。

在基础教育阶段，“出去疯”吧，释放应有的生活空间，感受多姿多彩的世界，让自然成为神奇的教育力量，让我们在更多渠道获得成长。国家的未来，不能由巨婴、啃老族组成；国家的未来，需要孩子健康、野性、儒雅、强壮、理性。所以，请不要让“双减”后的周末，再对“刷题”恋恋不舍，让我们一起走出家门，走进自然，走向社会。

这里的“疯”，专指——让人着迷的实践活动。这里的“出去”利用的就是周末时间，带有两个含义：其一，尽可能在户外活动；其二，让父母与子女协同出行。“出去疯”成为我们设想中真正的“大语文”教育新生态。

我们为不同年级提供了相应的活动指南。在《跨学科语文创意作业》的设计系统中，周末的创意是分学段进行的：第一学段（1-2 年级）注重阅读与亲近自然；第二学段（3-4 年级）注重阅读与亲近科学；第三学段（5-6 年级）注重阅读与亲近艺术。

低年级，指向对自然的感受，让学生走进果园，走进山中，去到小溪边，来到沙地上，仰望星空，观望小鱼，凝视远山与白云，让自然调和与温润学生的童心，感受到生活的美好。

中年级，更期待向往科学，能够在一个个有趣的小实验中体会科学的奥秘，开启探索之旅，发现文明历程中一个又一个奇迹。这可能是当代小学生最缺乏的素养，也正是未来建设者与接班人最需要具备的素质。我们建议语文老师，更应该在科学素养的培植上具有国际视野，有格局、有情怀，让学科融合在中年级成为学习的主要方式。

高年级，学生长大了，变得沉默、稳重、深刻了。于是这个时候，我们推荐的是艺术修养，让学生更多感受音乐、舞蹈、绘画、民间艺术，以及各种不同的文明样态，让学生更多走进博物馆，走进音乐厅，走进艺术画廊……与人类最精致的表达形式相伴。

同时，三个学段都加强了“阅读”这一关键的作业，这不是“负担”，而是必须的“承担”。

本书中的每一篇，都按照“做中学”的结构设计。即先进入最具创意的“活动过程”，之后结合活动体验，进入“学习过程”，完成相关的作业。“活动过程”匹配上文所述的基本方向；学习过程则遵循《义务教育语文课程标准》对不同学段的学习目标而设计，同时参考布鲁姆的教育目标分类学中“认知层级分类”理论，对完成作业进行不同层级的设定。这样的设计理念，不让作业出现重复训练、徘徊在低级层面的状态。同时，学生在运用知识解决不同问题的过程中，各部分有整体性的贯通，有助于将新知识融入原有的认知体系。学习过程和活动过程紧密配合，学生在真实的情境中创造性地解决问题，在活动过程中不断调用元认知策略对学习进行调控，希望完成这样的作业系统后，更多学生可以达到“专家学习”的程度。

当然，“出去疯”很容易产生误解——难道周末就要疲于奔命？

不，“出去疯”要和“家里蹲”相融合。学生走出户外充分实践之后，我们也希望他们回到家能在父母的陪伴与引导下，静下心来，平稳情绪，沉着而执迷地将所见所闻、所思所想进行总结与梳理。让反思与沉淀成为学习的常态。

实践之后，我们设计了有趣的、适合不同年级的创意语文作业，让语文学科的听、说、读、写四大能力，与之前的活动体验相结合，让学生的语文学习水平得到真正的提升。这就是“跨学科语文创意作业设计”的基本内核。

美国学者杜威先生最早提出的“做中学”——在充分实践后，在沉迷的学习中，在切身体验里，进行自我反思与总结，进行适当的练习，将所有的知识与亲身感受，个人实践内化为个体的全新经验。这就是我们这套神奇的书在做的事。

“跨学科语文创意作业”为学生打通了一个新的学习路径，建设了一种能够自我提升的自由学习模式。相信这样的学习对学生是最为有益的，也是“双减”政策之后周末的全新作业样态全新的学习模式。

特别感谢全国“两基迎国检”工作先进个人——谢晓丽校长为此书付出的辛勤工作。感谢参与编写的团队伙伴们，按照参与的年级，我们逐一列出他们的名字。这些都是富有创意的老师哦：

一年级

文小荷、林威、戴亚真、林莹莹、魏淑华、蔡玉婷、林瑜婷、李文静、陈佳明、姜明明、林铮、黄美琴。

二年级

黄倩平、张晓洁、刘昕、邱玉萍、陈妙娟、宋妍霖、李扬、李萌、陈冠妃、黄紫璇、林海榕、吴婷、董欣。

三年级

殷霞、吴振芬、池少凡、程燕芳、王棽、司琪格、张萧洋、刘倩倩、张海燕、何静。

四年级

吴瑕、邱雨林、蒲乐洋、颜琳、游伟、张海燕、吴郑亚、陈学蓉、郑子豪、李煌。

五年级

黄莺、陈粮宜、邱雨林、陈焱、潘倩、李明霞、曾雅麟、陈雪芹、颜琳、吴梁红、黄颖俐、陈玲玲、贾俊娇。

六年级

林代尉、刘露、李洪昌、胡凯利、郑子豪、陈炜琦、阮艺蓉、付吓梅、袁艺方、陈欣、林慧、何桂云、李琳琳、黄莺。

好啦。但愿这套《跨学科语文创意作业》能伴随着同学们度过特别有意义的周末，带来语文学习与众不同的快乐。

何　捷

目录

目录

会吐泡泡的菠菜

你喜欢吃菠菜吗？它不仅颜值高，还有“营养模范生”的美称呢。它能保护视力、美容养颜、缓解贫血……对我们的身体帮助可大了。除了这些，它还能像小鱼一样吐泡泡。你一定很好奇吧？来，做个小实验，了解一下其中的秘密吧。

活动过程

活动项目：菠菜吐泡泡

活动场所：室内

活动时长：10 分钟

实验准备：一棵新鲜的菠菜、一把小剪刀、一个大碗、适量清水

实验过程：

第一步：观察菠菜叶的脉络和叶柄。

第二步：取一片菠菜叶，从叶柄中间的部位剪断。

第三步：将叶片浸入水中，从叶柄处用力吹气。

活动流程：

摸一摸：菠菜的正面油亮，那么背面呢？

剪下叶柄一端，看一看，揉一揉，观察叶柄的内部形态。

动手做一做，想一想：朝叶柄吹气时，叶片为什么会吐泡泡？

和家人说一说你的发现，查一查资料，探索菠菜冒泡的原因。

学习过程

学习目标：

1. 能参与实验并观察“菠菜吐泡泡”的过程。
2. 能探究并了解植物呼吸的奥秘。
3. 能使用书面和口头语言表达实践中的观察所得。

学习项目：

【项目作业一】阅读与鉴赏

原来，菠菜吐泡泡是在“呼吸”呢！关于植物的呼吸还有许多故事，请阅读下面两篇材料。

【材料一】

植物也要呼吸

人和动物都必须呼吸，否则就会死亡，植物也不例外。

植物靠什么来呼吸呢？虽然没有嘴和鼻子，但是它们的叶子上有很多叫作“气孔”的小孔，就像我们的“鼻子”，植物就靠气孔进行呼吸。大多数的树和花都是叶子背面的气孔比较多。冬天的时候，有的树叶子都掉光了，那时候树是怎么呼吸的呢？其实，除了叶子，在植物的根、茎、花、种子和果实上，到处都有气孔。冬天，树木就是通过根和茎上的小气孔继续呼吸的。白天，植物进行光合作用，吸入大量的二氧化碳，排放出的氧气是它们夜间吐出的二氧化碳的几十倍。到了夜间，光合作用停止，植物只吸入氧气，排出二氧化碳。所以，在睡觉的屋子里，晚上不宜放很多花草，它们会和人争氧气，导致人缺氧。

植物为什么要进行呼吸？对植物来说，只有通过呼吸，才能把光合作用所制造的有机物质，如糖类、脂肪和蛋白质等加以利用来维持生命，如种子萌发、植物成长、花朵开放等。有意思的是，植物如果处在缺氧的环境里，它不会像动物那样马上停止呼吸，很快死亡，而是能在一定的时间内进行无氧呼吸。比如，树木在被水淹的情况下就会进行无氧呼吸来自保。

植物的呼吸作用和农产品的贮藏有着密切的关系。粮食、水果和蔬菜等采集下来以后呼吸活动还在进行。在贮藏中，一方面要让呼吸继续进行才不会变质；另一方面又要使呼吸尽量减弱，以减少消耗，延长保存时间。你知道吗？小麦的安全水分是

13%，高于这个数值会呼吸旺盛，减少有机成分，严重时会霉变、生虫，所以在贮藏小麦时要把它晒干。另外，粮食作物若要长期保存，还可以将容器抽真空后充氮气来抑制粮食的呼吸活动。看来，植物的呼吸真是一件特别有意思的事情。

【材料二】

新闻三则

（一）

2019年11月4日中午，在陕西安康市恒口示范区涧沟村，一位七旬老人在红薯窖内干活时，因缺氧晕倒在地窖内。接警后，消防救援人员火速赶到现场救援。消防员下到地窖中查明情况后，用救援绳和安全吊带将老人固定好，配合地面救援人员合力将老人营救出地窖。老人因抢救及时已脱离危险。（来源：都市现场、陕西新闻、齐鲁网）

（二）

2020年6月14日上午，铜仁市松桃苗族自治县太平镇红岩村发生一起事故：一名50岁左右的男子下到自家存放红薯的地窖取红薯时，因缺氧晕倒在地窖中。接到群众报警后，当地消防救援人员及时赶到现场，成功将其救回地面并送往医院。因为救援及时，该男子脱离生命危险。（来源：《贵州日报》）

（三）

2021年8月，临沂平邑县武台镇咸家庄村一村民进入地窖后发生二氧化碳中毒，有生命危险。当地公安局接警后立即组织警力赶往现场救援。从地窖中解救出来后，救援人员与村民均已陷

入深度昏迷，经抢救后脱离生命危险。（来源：齐鲁网）

分析与理解

1. 获取信息：阅读材料一，植物的呼吸有哪些特别之处，把你觉得有意思的地方用横线画出来。

2. 形成解释：材料一中第 2—4 自然段分别围绕哪个问题来写的？用波浪线画出来。

3. 创意运用：阅读材料二，和家人一起讨论：发生地窖中毒事件的原因是什么？人们在进入地窖前应该怎样做才能保证安全呢？

★阅读推荐★

《奇妙的植物世界》（［美］世界图书出版公司 / 著　方子舟 / 译）

【项目作业二】表达与交流

1. 做完“菠菜吐泡泡”实验后，写一写，将实验的过程写清楚。

提示：

◎实验前，你观察到叶片的叶柄和脉络是什么样子的？叶柄像什么？当你用手摸叶子的时候，是什么感觉？

◎实验中，当你从叶柄处用力吹气时，发现了什么现象？对于这个现象，你产生了什么样的感受和疑问？

◎实验后，你和父母是怎样讨论并查证的？对于查证结果，你有何想法？

根据这些问题，把实验过程写清楚，还可以写一写自己当时的心情。写完之后，读给爸爸妈妈听一听，看看哪里不通顺还可以改一改。

2. 说一说：将这个有趣的实验过程介绍给别人，和朋友一起试一试。

【项目作业三】梳理与探究

1. 你能用文中的知识解释下列生活现象吗？

图一：林中的黄昏

图二：真空包装蒜苗

2. 现在你已经知道，原来植物都是需要呼吸的，那你知道水生植物又是如何呼吸的吗？赶紧和爸爸妈妈一起查阅资料探究一下吧！

字词补给站

积累下面形容“植物”的词语。

生机盎然	枝繁叶茂	满园春色	郁郁苍苍
盘根错节	花影摇窗	奇香四溢	琼枝玉叶
花叶扶疏	姹紫嫣红	绿草如茵	繁花似锦

★实验大揭秘★

同学们，当我们从叶柄处用力吹气后，叶片背面冒出了许多小气泡。原来，叶子的背面有许多被称为“气孔”的小孔，是叶子用来呼吸的“鼻子”，对植物的光合作用也起着至关重要的作用。你瞧，我们的植物朋友也是需要呼吸的呀！

厉害了，长命草

“1959 年，日本有位生物学家采集到一种植物，把它做成了标本。11 年后，他把标本放到水里，神奇的事情发生了，标本居然活了！从此这种植物名声大噪，人称“长命草”，学名卷柏。它真能“死而复生”吗？让我们通过一个小实验一探究竟！”

活动过程

活动项目：复苏卷柏

活动场所：室内

活动时长：视实验过程而定

实验准备：一片新鲜的卷柏叶子、一本旧书、一杯清水

实验过程：

第一步：将新鲜的卷柏叶子放在通风处阴干，也可夹在书页里（如图所示），直至其干燥发黄。

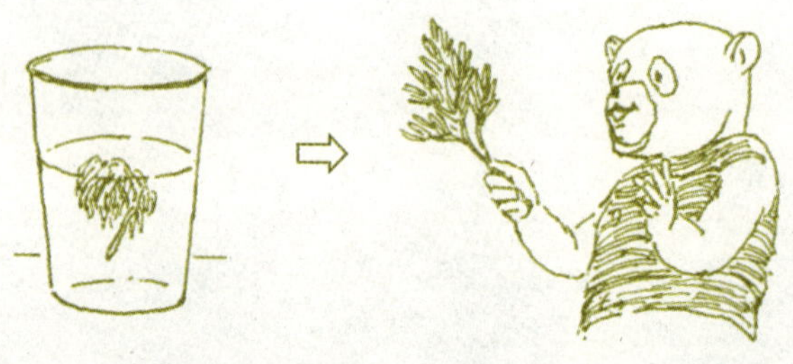

第二步：复苏卷柏。

活动流程：

把干燥的卷柏放入水杯中。

仔细观察卷柏颜色和形态的变化，用写一写、画一画的方式记录下卷柏复苏的过程。

查一查资料：卷柏为什么能复苏？

实验时，你可以这样记录：

时间__________

时间__________

时间__________

也可以这样记录：

时间	我发现了……	我想说……
________后		
________后		

学习过程

学习目标：

1. 能参与并观察“复苏卷柏”的实验过程，利用图表记录所见、所想。

2. 能探究、查证实验中植物复苏的科学奥秘。

3. 能使用书面语和口头语言表达观察所得。

学习项目：

【项目作业一】阅读与鉴赏

想必你已经知道了卷柏复苏的秘密了吧！关于卷柏这类植物的超能力，你还可以了解得更多。接下来，请阅读下面两篇材料。

【材料一】

长命草

人们常说“猫有九条命”，你知道吗？那是因为猫有着顽强的生命力。而在植物界，也有一个神奇的物种。雨水充盈的时候，它碧绿可人。水分不足时，它便“假死逃生”：叶子慢慢干枯，根从土壤中挣脱，身体蜷缩，变成一个干草球，然后借风旅行，四处寻找生机。它便是植物界大名鼎鼎的骨灰级耐旱高手——卷柏。

干枯的卷柏滚到水分充足的地方，就把根伸进泥土，大口吸收水分，慢慢苏醒。不久之后，它重新舒展开绿色的叶片，焕发出新的生机。如此往复，它便得了个很形象的美称——长命草。大自然无奇不有，真是物竞天择，适者生存啊！

卷柏生活的地方人迹罕至，鸟兽难登，所以它可以随意生长。枝条或写意，或苍劲，或翠绿可爱，姿态十分优美，具有很高的观赏价值。人们喜欢将它做成盆景，或点缀假山、装点园林。

卷柏还是一种珍贵的药材，能治疗跌打损伤，还有止血、抗菌的功效。这么看来，卷柏还真是一种非常神奇的植物啊！

【材料二】

植物的抗旱本领

水是生命之源。如果没有水，世界上的动物、植物都将无法生存。但是，在自然界里，有许多植物却生长在异常干旱的环境中，它们是如何生存下来的呢？

贮藏水分以备不测，是植物抗旱的绝招。猴面包树生长在非洲东部的热带草原里，成龄大树一般高约25米，而直径却达5米，有的甚至超过10米。在干旱的时候，树上不长叶子；到了雨季，才开始长叶、开花、结果。同时吸收大量水分，贮藏在肥胖的树干里，以备旱季之用，远远望去，犹如巨大的酒瓶。生长在墨西哥沙漠的仙人掌像一座座巨大的烛台，通常有10—15米高，粗得一个成人都难以合围，体内水分竟达95%以上。它巨大的身躯里，能贮藏一吨以上的水。当旅行者缺水时，打开它的躯干，就可以饮到清澈的淡水。因此，它享有“沙漠里的甘泉”之美名。仙人掌一类的肉质植物不但是贮水的能手，还是节水的模范。有人曾做过这样一个实验：把一棵37公斤重的仙人球放在室内，一直不浇水，六年后，它依然活着，而且还有26公斤重。植物的抗旱本领，真是令人称奇！

减少水分蒸腾是植物抗旱的另一种有效方式。这类植物，有的叶片变得很小，甚至全部退化成鳞片状，以减少水分的支出。光合作用则用绿色茎枝来代替。树姿奇特的光棍树终年不长叶子，只有光溜溜的树杈。这是因为它们的故乡在炎热的非洲干旱地区，那里常年无雨，异常缺水。为了减少水分的散失，它们的叶子逐渐变小，甚至消失，而树枝变成绿色，以代替叶子进行光合作用。

在严酷的干旱面前，为了适应环境改变，增加生存机会，我们的植物表现出异常顽强的生命力，真是令人称奇！

分析与理解

1. 获取信息：材料一中长命草是怎样“假死逃生”的呢？在

文中用横线画出来。

2. 创意运用：材料二中列举了哪几种有趣的植物？请在文中圈出来。你能根据文中的描述想象它们的样子吗？挑选一种，为它绘制一张名片吧。制好后，查一查和你想的一样吗。

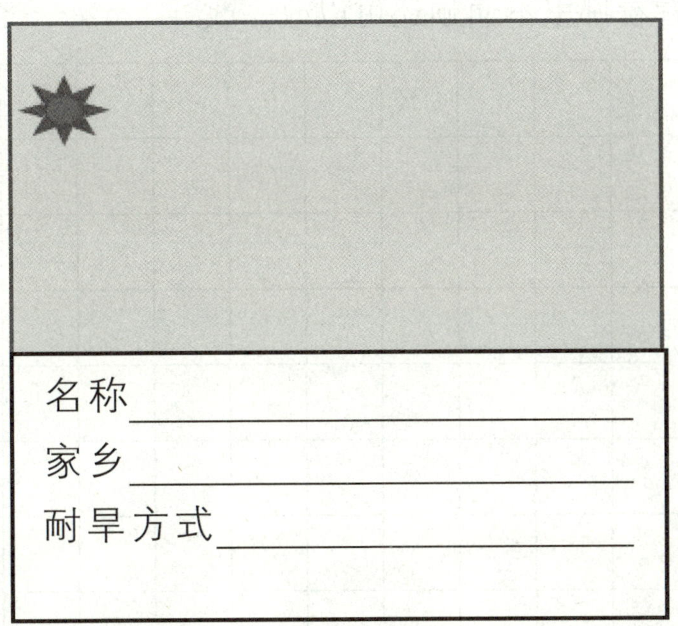

3. 鉴赏评价：材料一和材料二都是介绍耐旱植物的，两种表达方式你更喜欢哪一种？和父母分享你的理由。

★阅读推荐★

《石头上的植物》（苏教版三年级下册科学教科书）

【项目作业二】表达与交流

1. 在仔细观察“复苏卷柏”的实验后，结合记录单写一写，将实验的过程写清楚。

提示：

◎实验前，你好奇吗？你做了哪些准备？

◎实验中，你是怎么做的？卷曲枯黄的叶片复苏后，颜色和形态慢慢地发生了哪些变化？这些变化带给你怎样的体验？

◎实验后，你和爸爸妈妈是怎样讨论并查证的？对于查证结果，你有何想法？ 请你在下面方格里写下片段。写完之后，读给爸爸妈妈听一听，看看哪里不通顺还可以改一改。

2. 说一说：将这个神奇的实验过程介绍给别人，和朋友一起试一试。

【项目作业三】梳理与探究

1. 留心观察生活中还有哪些常见的耐旱植物，拍下照片，做一本耐旱植物图谱吧。

2. 耐旱植物与我们的生态有什么关系呢？比如沙漠绿化。感兴趣的话，你可以通过查阅资料了解更多的知识哦。

字词补给站

积累下面形容“干旱”的成语。

旱魃为虐　　焦金流石　　蝉喘雷干　　大旱望云

大旱云霓　　赤地千里　　寸草不生　　田地龟裂

雨贵如油　　唇焦舌敝　　山高地燥　　禾苗枯槁

【注解】

旱魃（hàn bá）：传说中引起旱灾的怪物。

大旱云霓：云霓，下雨的征兆。好像大旱的时候盼望寸水一样。比喻渴望解除困境。

★实验大揭秘★

同学们，植物为了生存不断进化，练就了超凡的本领。让卷柏复苏的就是它超强的耐旱力哦。在缺水状态下，为了减弱生理代谢活动，卷柏便进入一种类似休眠的状态（就是我们看到的干枯卷黄）来度过干旱期。而在水分变得充足时，它又能快速地吸收水分，焕发生机。

小鱼的魔术

水族一年一度的魔术节开始了。第一个上场的是小鱼家族，它们表演的是“南辕北辙”。小鱼们排成一队开心地朝前游啊游，众目睽睽之下，突然，奇怪的事情发生了……小龙虾惊得眼珠直瞪。它看到了什么？让我们通过一个小实验来模拟这个魔术，解开谜团！

活动过程

活动项目：“南辕北辙”的小鱼

活动场所：室内

活动时长：10 分钟

实验准备：一个玻璃杯、一张白纸、一支笔、适量清水

实验过程：

第一步：在纸上画出几条小鱼。注意方向要一致哟。

第二步：将玻璃水杯加满清水。

第三步：小鱼出发了。领着小鱼（纸张平躺）靠着水杯外壁慢慢朝前移动吧。

活动流程：

仔细观察：纸朝前移动时，小鱼的方向发生了什么变化？

想一想：为什么会发生这样的现象？

问一问，查一查：你能破解小鱼的“魔术”吗？

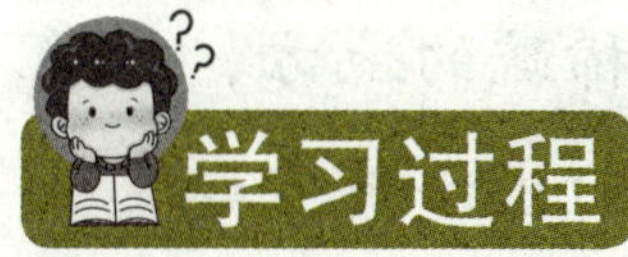

学习过程

学习目标：

1. 能参与并观察“‘南辕北辙’的小鱼”实验过程。
2. 能探究并了解有关光的折射原理。
3. 能使用书面和口头语言表达观察所得。

学习项目：

【项目作业一】阅读与鉴赏

小鱼们真是博学，它们的魔术利用的就是光的折射原理。

什么是光的折射呢？生活中关于光的折射还有哪些有意思的现象呢？请阅读下面两篇材料。

【材料一】

海市蜃楼（节选）

文 / 杨朔

我的故乡蓬莱是个偎山抱海的古城，城不大，风景却别致。特别是城北丹崖山峭壁上那座凌空欲飞的蓬莱阁，更有气势。你倚在阁上，一望那海天茫茫、空明澄碧的景色，真可以把你的五脏六腑都洗得干干净净。这还不足为奇，最奇的是海上偶然间出现的幻景，叫海市。小时候，我也曾见过一回。记得是春季，雾蒙天，我正在蓬莱阁后拾一种被潮水冲得溜光滚圆的玑珠，听见有人喊："出海市了。"只见海天相连处，原先的岛屿一时不知都藏到哪儿去了，海上劈面立起一片从来没见过的山峦，黑苍苍的，像水墨画一样。满山都是古松古柏；松柏稀疏的地方，隐隐露出一带渔村。山峦时时变化着，一会山头上幻出一座宝塔，一会山洼里又现出一座城市，市上游动着许多黑点，影影绰绰的，极像是来来往往的人马车辆。又过一会儿，山峦、城市慢慢消下去，越来越淡，转眼间，天青海碧，什么都不见了，原先的岛屿又在海上重现出来。

这种奇景，古时候的文人墨客看到了，往往忍不住要高声咏叹。且看蓬莱阁上那许多前人刻石的诗词，多半都是题的海市蜃楼，认为那就是古神话里流传的海上仙山。最著名的莫过于苏东坡的海市诗，开首几句写着："东方云海空复空，群仙出没空明中。

摇荡浮世生万象，岂有贝阙藏珠宫……”可见，海市是怎样的迷人了。只可惜这种幻景轻易看不见。我在故乡长到十几岁，也只见过那么一回。故乡一别，雨雪风霜，转眼就是二十多年。今年夏天重新踏上那块滚烫烫的热土，爬到蓬莱阁上，真盼望海上能再出现那种缥缥缈缈的奇景。

【材料二】

我是光，我在折射

文／木兰　图／小茉（8岁）

你有没有好奇，为什么你的眼睛能看到东西？影子是怎么形成的？……当然，这些都与我有关。我，就是光。人们的生活处处离不开我，大自然也需要我。

我的速度奇快无比，喷气式飞机、火箭、流星体的速度都远不及我，一秒钟内，我能绕地球赤道转七圈！

我能在空气、水等物质中穿梭，也可以在真空中漫游，但是我无法穿过不透明的物体。

当我照射在物体上时，会发生好几种现象，最奇特的当属折射现象了。

当我从一种介质斜射入另一种介质时，我的速度会发生改变，传播方向也会发生改变。我在不同介质交界处的路线发生了偏折，这种现象就是折射。简单地说，哈哈，我是愉快地哼着歌儿、扭着身体进入某些介质中的。

你可以说我在跳舞，也可以说我在变魔术。

由于我的参与，生活中会出现一些不可思议的现象呢！比如物体在水下的部分好像发生了错位；比如有些看上去不深的水其实深不可测。因为我的魔术，“眼见为实”这种事也将变得玄机重重呀！

分析与理解

1. 获取信息：阅读材料一，找出描写“海市”的句子，用横线画出来。

2. 评价鉴赏：苏东坡的海市诗写得真好啊，你能找到全诗并配一首古筝曲，美美地把它读一读吗？你还可以挑战背一背哦。

3. 创意运用：材料二中的图展示的是吸管在水中的折射现象，你平时注意过吗？动手做一做，验证一下吧。如果你就是光，你会哼着什么歌扭动身体呢？

★阅读推荐★

《这就是物理》（［美］约瑟夫·米森 / 文　［美］萨缪·希提 / 图　张梦叶 / 译）

【项目作业二】表达与交流

1. 在仔细观察实验后，结合记录单写一写，将实验的过程写清楚。

你可以这样来记录：

◎实验前，你做了什么准备？对结果有预测吗？

◎实验中，你是怎么做的？为什么透过水杯看到的小鱼游动的方向是相反的呢？当这奇妙的一幕发生时，你意外吗？有什么疑问？

◎实验后，你查证了哪些资料？明白了什么科学原理？有什么感受和收获？

写完之后，读给爸爸妈妈听一听，看看哪里不通顺还可以改一改。

2. 说一说：将这个神奇的实验过程介绍给别人，和朋友一起试一试。

【项目作业三】梳理与探究

1. 灰太狼在河里抓鱼，每次都瞄准了大肥鱼，可就是抓不着。你知道为什么吗？

2. 和爸爸妈妈一起查找有关海市蜃楼的影视资料，看一看这世间奇观吧。

字词补给站

写作文时，你可能会用到下面这些词语：

1. 形容“意料之外”的成语：

出乎意料　　出乎意外　　出人意料

出其不意　　突如其来　　始料不及

2. 表示“认真观察”的成语：

目不转睛　　聚精会神　　析微察异

目不斜视　　全神贯注　　屏息凝视

★实验大揭秘★

同学们，水杯就像一个凸透镜，光线经过折射之后，除了经过光心的光线不改变方向外，其他的光线都会改变方向。所以，就出现了水中的小鱼往相反方向游动的情形。

神秘的光家族

亲爱的同学，你知道吗，光并不像我们眼睛看到的那样简单，它们是一个神秘的大家族，每一个族员长得都不同，而且各有各的本领。最不可思议的是，光不断有新的族员在诞生……

活动项目：追踪光族员

活动场所：室外

活动时长：10 分钟

实验准备：一个装有水的喷壶

实验过程：

第一步：挑选一个晴朗的天气，准备一把浇花用的小喷壶，站在阳光下，用喷壶喷出水雾。

第二步：慢慢调整水雾喷出的角度，你就可以见到阳光下美丽的彩虹啦——它们就是光家族的重要族员。

活动流程：

在阳光下喷出水雾，多角度观察水雾的颜色变化。

想一想：为什么会有这样的变化呢？

查一查资料：美丽的彩虹是怎么产生的？

学习目标：

1. 能参与“追踪光族员”的实验并观察整个过程。
2. 能查证实验中的彩虹形成的科学道理。
3. 能使用书面语和口头语言表达实验过程中的观察所得。

学习项目：

【项目作业一】阅读与鉴赏

亲爱的同学们，我们在实验过程中看到的彩虹是一种光学现象。光由七种颜色组成，从外向里依次是：红、橙、黄、绿、蓝、靛、紫。想继续了解光家族吗？接下来，阅读两篇关于光的材料吧。

【材料一】

里特与紫外线

这是一个阳光灿烂的午后，研究太阳光谱的科学家里特看着明媚的阳光突发奇想：太阳光被分解为七色光后，是否还有其他看不见的光存在?

里特开始了他的实验。他首先在一张纸片上蘸了少许氯化银溶液，接着将纸片放在七色光的紫光的外侧。没过多久，正如他所料，这张纸片上蘸有氯化银溶液的部分变黑了！这说明在七色光之外，还存在着一种人类眼睛看不到的光线。里特将这种光线叫作“紫外线”。

这种紫外线虽然肉眼看不到，可是威力却很大。当紫外线强烈的时候，会对人体、生物造成伤害。但是人类却离不开它，因为适量的紫外线可以促进机体的新陈代谢，可以使人精神畅快，甚至可以杀菌呢！你认为里特的这个发现有意义吗?

【材料二】

激光的诞生

激光是高科技的产物，是20世纪最伟大的发明之一。最初提出激光应用专利的是高尔登·古德。

曾经参加过原子弹研制计划的古德，一直难以忘记原子弹爆炸时所产生的耀眼的光，能将这些光进行开发和利用，成了古德的心愿。

一天夜里，古德从睡梦中醒来，在拉亮电灯的瞬间，灵感也在他的脑海里开始了建构：电灯发出的光为什么会是刺眼的白色？能否将它换成别的柔和的颜色呢？将光集成光束，会产生什么样的力量呢？这样的力量可以成为一把刀，一把肉眼看不见的锋利的刀，为病人做手术……

第二天早上，激动的古德忍不住跑到家附近的店铺里，打开他记录得密密麻麻的笔记本向老板描述他的畅想，并邀请老板做自己申请专利的证明人。老板听着古德的解释，欣喜地在古德的笔记本上签上了自己的姓名和日期。

虽然古德在30年后才申请到这项专利，但是这并不影响激光产品在世界范围内的广泛运用。

分析与理解

1. 获取信息：适量的紫外线对人体、生物有哪些作用呢？请你阅读材料一后选择：（　　　　）（多选）

A. 使人感到精神畅快

B. 可以促进机体的新陈代谢

C. 在医学上被用来杀菌

2. 形成解释：你认为“激光是自然的光，它来自太阳”这个观点对不对？说一说你的依据。

3. 创意运用：科学技术的进步，离不开大胆的想象。综合材料一和材料二，你也可以展开想象，然后说一说，人类还需要什么样的光，它可以怎样被运用。

★阅读推荐★

《可怕的科学》（［英］尼克·阿诺德／著）

【项目作业二】表达与交流

1. 在追踪出了光家族的七位族员之后，来写一写你追踪的过程，并将观察到的现象写清楚。

你可以这样来记录：

◎你和家人准备了哪些追踪材料？

◎你第一次喷水的时候发现了什么？后来又是如何调整喷射角度的？在哪个角度下，你观察到光家族的成员的？

◎你追踪到了光家族的哪些成员？对此，你有什么想法和感受？

根据这些问题，把追踪过程写清楚，还可以写一写自己当时的心情。写完之后，读给爸爸妈妈听一听，看看哪里不通顺还可以改一改。

2. 说一说：将有趣的实验过程介绍给别人，和朋友一起试一试。

【项目作业三】梳理与探究

1. 仔细观察，判断下面几幅图片中使用激光在做什么。

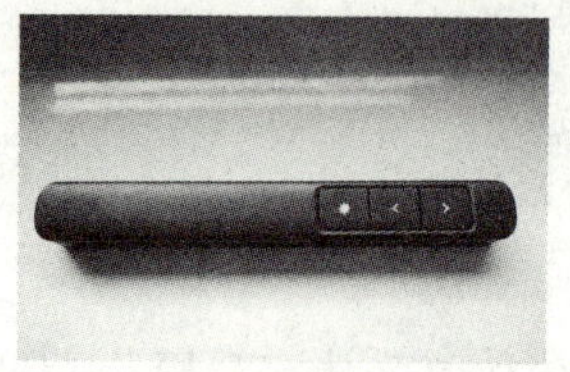

图一

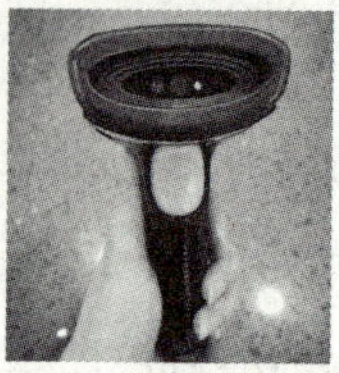

图二

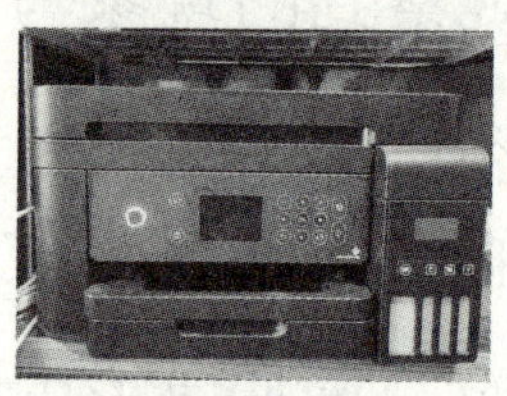

图三

2. 想一想，在生活中使用激光时应当注意什么。查阅相关资料。

字词补给站

积累下面与“光”有关的成语。

五光十色　　光怪陆离　　奇光异彩　　光芒万丈

春光明媚　　湖光山色　　鼠目寸光　　目光炯炯

光阴似箭　　时光荏苒　　一寸光阴一寸金

★实验大揭秘★

亲爱的同学们，我们在实验过程中看到的彩虹是一种光学现象。人眼可以看见的光由七种颜色组成，从外向里依次是：红、橙、黄、绿、蓝、靛、紫。水对光有色散的作用，不同的光有不同的波长，不同波长光的折射角度不同，所以我们就看到了有规律的七色光谱。

食盐“钓”冰块

你一定听过或者见过钓鱼吧？钓鱼时需要用鱼饵，但是你见过用食盐“钓”冰块吗？手不碰冰块，只用一点儿食盐、一段棉线，就能轻轻松松地把冰块“钓”起来。这么有趣的小实验，赶紧动手做做吧。

活动过程

活动项目：食盐“钓”冰块

活动场所：室内

活动时长：20 分钟

实验准备：一包食盐、一块冰块、一个小茶杯、一根棉线、适量清水

实验过程：

第一步：在小茶杯中倒入大半杯清水，放入冰块。

第二步：把棉线的一头放在露出水面的冰块上方，在棉线周围的冰面上撒上一些食盐。

第三步：等待几分钟，棉线就会和冰块“粘”在一起，这时提起棉线，就能把冰块“钓”起来了。

活动流程：

尝试自己动手做一做实验。

仔细观察食盐和冰块的变化过程，看一看棉线是怎样和冰块“粘”在一起的。

查一查资料，了解这种现象产生的原因。

学习过程

学习目标：

1. 能参与并观察“食盐‘钓’冰块”的实验过程。
2. 能够查证并理解棉线能“钓”起冰块的科学原理。
3. 能使用书面语和口头语表达观察所得，体会实验的快乐。

学习项目：

【项目作业一】阅读与鉴赏

通过实验，你已经知道食盐不仅可以作为调味品，还可以改变冰块的温度。这么神奇的盐是怎样形成的呢？它还有什么神奇之处呢？来，阅读下面两篇材料长知识吧！

【材料一】

“盐宗”夙沙氏

相传，炎帝时期，山东的胶州半岛一带住着一个原始部落，这个部落的头领叫夙沙，他高大威猛，聪明能干，深受部落人民爱戴。

有一天，夙沙从海里打了半罐海水，放到火上煮。突然，一头野猪从他身边经过，他急忙起身去追野猪。等他追上野猪打猎回来之后，那放在火上的半罐海水已经煮干了，罐底有一层白色的粉状晶体。夙沙很好奇，就用手指蘸了一点儿尝了尝，发现这白色晶体的味道又鲜又咸，很好吃。于是，他在烤熟的野猪肉上撒了点儿那白色的晶体，吃了一口，感觉烤肉的味道无比鲜美。夙沙开心地把这个发现告诉了族人，并带领族人开始从海水中熬制这种又鲜又咸的粉末。这种白色的粉状晶体便是从海水中熬制出来的盐。

从此以后，盐就走进了人们的生活，成为生活必需品。夙沙则被人们称为制盐鼻祖，也叫“盐宗”。

【材料二】

盐的自述

文 / 倩倩

大家好，我就是被称为“百味之王”的盐。通常情况下，我是一种粉末状的晶体，有时候我也会以颗粒状、长条状等形式出现。

“海水”是我的第一故乡，你一定想不到，如果把海水里的我全部提炼出来，平铺在陆地上，可以让陆地增高大约153米呢！从海里提炼出的我被称为“海盐”。我还有一个兄弟叫湖盐，他的家乡在湖里，他居住的湖被人们称为“盐湖”。“盐湖”的湖水纯净透明，还有“天空之境”的美称呢！我还有两个亲戚，一个住在地下，人们通过开采可以找到他，他被称为“矿盐”。还有一个也住在地下，只不过人们是通过打井的方式抽取地下的卤水来提炼的，因此他的名字叫“井盐”。无论我的亲友团来自哪里，我们的主要成分都是氯化钠，是人体不可缺少的物质。

我的作用可大啦！生活中处处有我的身影。我是大家一日三餐必不可少的调味品。俗语说“好厨子一把盐”，我能提升菜的鲜度，让人们吃起来津津有味。我还可以消炎止血，口腔里如果有小面积的出血，可以用我冲水漱口。洗澡时加入我可以去污止痒，我还能让爱美的小朋友皮肤更加光滑。腌菜、腊肉都要靠我才能制成。冬天道路结冰，我还是物美价廉、污染低的融雪剂呢！

科学研究表明，6克盐就可以满足大家每日的身体需求。因此，虽然我的好处很多，但大家也要适可而止，否则会对身体造成伤害。

分析与理解

1. 获取信息：阅读材料一，你知道了盐是从________里煮出来的。________被称为“盐宗”。

2. 形成解释：如果发现妈妈做的饭菜口味偏咸，我们可以用材料二中学到的知识给她什么建议呢？

____

3. 创意运用：家里的冰箱冷冻室容易结冰，妈妈常常犯难，快把除冰的好办法告诉她吧。

★阅读推荐★

绘本《盐的故事》（［美］马克·克伦斯基／文　［美］S.D. 辛德勒／图　赵静／译）

【项目作业二】表达与交流

1. 在完成实验后写一写，将实验的过程写清楚。

你可以这样来记录：

◎在冰块表面上放棉线和在棉线周围撒盐时，你的动作要领是什么？

◎观察盐的变化，你有什么发现？你想到了什么？

◎冰块被“钓”起的一瞬间，你的心情如何？

根据这些问题，把实验过程写清楚。写完之后，读给爸爸妈妈听一听，看看哪里不通顺还可以改一改。

2. 说一说：将用食盐“钓”冰块的方法介绍给别人，和朋友一起试一试。

【项目作业三】梳理与探究

1. 同学们，我们不仅了解了盐的作用，还知道了盐从哪里来。生活中还有一种大家很喜爱的调味品跟盐有相似的提炼过程，只是物质不同，我们一起来认识一下吧！请把名字填在括号里。

（　糖　）

（　　　）

（　　　）

（　　　）

2. 同学们，糖的提炼过程也很有趣，跟爸爸妈妈一起查查资料，聊一聊糖是怎么炼制的吧。

字词补给站

积累以下与“盐”有关的词语和诗句吧。

水中着盐　　柴米油盐　　凌杂米盐　　愚人食盐

米盐博辩　　撮盐入水　　盐梅之寄　　油盐酱醋

晨烧暮烁堆积高，才得波涛变为雪。

——［宋］柳永《煮海歌》

州家飞符来比栉，海中收盐今复密。

——［宋］王安石《收盐》

★实验大揭秘★

同学们，钓冰块的小实验告诉我们：盐会影响冰块的属性和温度。当我们在冰块上撒上盐后，盐会降低冰块的融点，冰块就开始融化。但是当融化的水被周围的低温所包围（冰的温度低，融化时还会吸热）时，水又会重新结成冰，漂在水上的棉线和水冻在一起，就可以轻轻松松地将冰块“钓”起来，是不是很有趣呢？

有趣的“吸引力”

你知道吗？在生活中，有一种神奇的力量，它能吸引到一些特殊的物体。看到这里，好奇的你一定开始猜测了吧？不着急，让我们一起先来做个小实验，感受一下科学世界的奥秘吧！

活动过程

活动项目：隔杯取针

活动场所：室内

活动时长：15 分钟

实验准备：一个玻璃杯、一块磁铁、一瓶清水、大头针若干

实验过程：

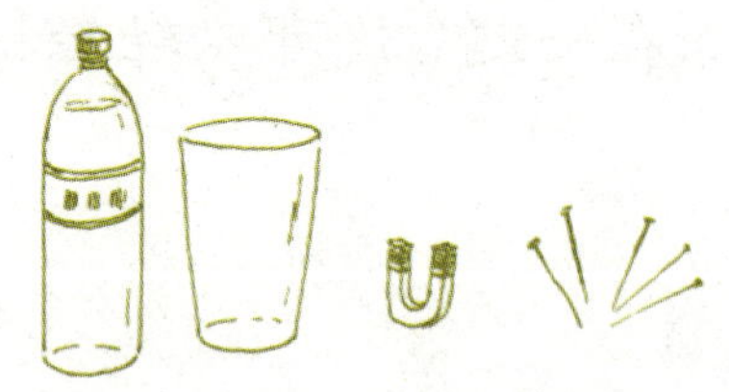

第一步：先在玻璃杯内装满清水，将大头针放入杯中。

第二步：将磁铁从杯子外面靠近大头针，再把手中的磁铁顺着杯壁往上移动。

第三步：当磁铁移动到杯口上，杯底的大头针就能全部取出。

活动流程：

和父母一起做实验，观察当磁铁慢慢靠近杯壁时，发生了什么现象。

自己尝试着将手中的磁铁顺着杯壁左右动一动，观察杯子里的大头针会发生什么变化。想一想，为什么会有这种变化。

查一查资料，了解大头针和磁铁之间是一种什么力量。

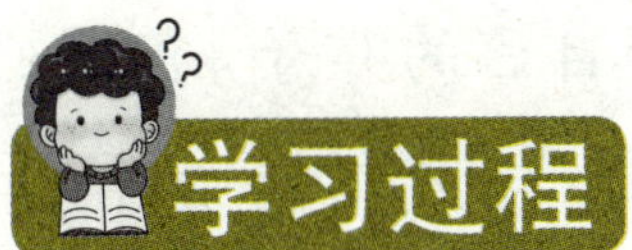

学习过程

学习目标：

1. 能参与并观察“隔杯取针”的实验过程。
2. 能查证实验中有关磁铁的科学原理。
3. 能使用书面语和口头语表达观察所得。

学习项目：

【项目作业一】阅读与鉴赏

经过观察实验和查找资料，你已经知道了吧，这种神秘的力量就是磁铁的吸力。接下来，阅读下面两则关于磁铁的材料吧。

【材料一】

磁铁小知识

同学们，你们知道吗？磁铁其实并不是人类发明的，而是天然的磁铁矿。古人在大自然中探寻铁矿时，常会遇到一种特别神奇的石块，这种石块不仅可以吸起小的铁片，而且随意摆动后总是指向同一方向。后来，人们才知道这种有“魔力”的石块就是磁铁矿，即磁石（主要成分是四氧化三铁）。早期的航海家就把这种“魔力”石块用在海上辨别方向，而中国的四大发明之一“司南”也是利用磁石制作而成的。

提到“磁石”这个名字的来历，还有一个很有意思的说法呢！起初，人们管这种石头叫“慈石”，因为它能牢牢地吸住铁砂、铁屑、铁钉之类的铁器，就像慈爱的母亲深深地吸引着自己的孩子。但是，“慈石”毕竟是石头，所以后来人们就把“慈”字底下的心字去掉，换上个石字旁，写作“磁”。这样，“慈石”就变成“磁石”，一直沿用至今。

当我们把两块磁铁靠在一起时会发现，有时候它们会互相吸住，如果把其中一块调换一头后再次靠近，它们就怎么靠都靠不到一块，这是为什么呢？原来呀，磁铁有两个磁极，一个是 N 极，一个是 S 极。当让两块磁铁靠近时，同性磁极会相互排斥，而异性磁极才会相互吸引。你们看，磁铁真的是一种特别奇妙的东西。

【材料二】

厉害的磁铁

文 / 芬芬

今天，妈妈带着小璐去看外婆。一进门，就听见外婆在喃喃自语。

“妈，你在说什么呢？”妈妈问道。

“你们来啦，太好了。我刚才在缝衣服，可是不小心把针丢地上了，怎么找也找不到了。你快帮我找找吧！”外婆一边说还一边摇了摇头，“人老了，眼睛也不好使了！”

妈妈听了，赶紧安慰外婆：“妈，您别急，我有办法找到针。”

说完，妈妈打开抽屉，找到一块黑黑的小东西，在地板上摸摸索索起来。不一会儿，就听妈妈说了句：“找到啦！”小璐定睛一看，果然，在那块黑东西上“粘”着一根针。

“妈妈，你怎么这么厉害！”小璐忍不住佩服妈妈。

“厉害的可不是我，是这块小磁铁哦！”

“原来它叫磁铁。它能‘粘’到针？”

“对，磁铁具有磁性，所以它能吸附铁质的东西，如小剪刀、小螺帽、回形针等。别看磁铁长得不起眼，它对人们的生活可有帮助了！”

看着小璐半信半疑的模样，妈妈笑着继续说道：“你去看看家里的冰箱吧！冰箱门上有了橡胶磁，门才能关得紧紧的，把冷气藏在里面。还有，你看见过我们家门后的门吸吗？它的身上也有磁铁，这样才能把开着的门固定住！磁铁还能帮助玩具汽车快活地跑起来，帮助收音机讲话、唱歌呢！”

小璐听到这里才知道，原来生活中到处都有磁铁的“身影”呢！它果然很厉害啊！

分析与理解

1. 获取信息：阅读材料一，我们知道了磁铁有两极，分别是 ________ 和 ________。当同性磁极在一起时会 ________，而异性磁极在一起时则会 ________。

2. 形成解释：阅读材料二，你能和好朋友说一说磁铁是如何运用在冰箱上的吗？

3. 创意运用：同学们，如果将一根细线绑在条形磁铁的正中间，然后用线提起条形磁铁，当磁铁静止的时候，指向北方的一端是什么极？指向南方那一端的又是什么极呢？快动手试一试吧！

★阅读推荐★

儿童绘本故事《科学小达人·奇妙的物理》（［韩］李智贤等／文　［韩］郑鲜京等／图）

【项目作业二】表达与交流

1. 在和爸爸妈妈一起做“隔杯取针”实验的时候，要认真观察。做完实验后，可以动笔写一写你们是如何做实验的，将实验的过程写清楚。

你可以这样来记录：

◎实验前，你和爸爸妈妈准备了哪些东西？

◎实验中，你们是怎么移动磁铁的？在移动的过程中，你观察到大头针是如何变化的？

◎实验后，你有什么想法和感受？心里有什么疑问想去探究吗？你查资料后知道了哪些新的知识？

根据这些问题，把实验过程和观察结果写清楚，还可以写一写自己当时的心情。写完之后，读给爸爸妈妈听一听，看看哪里不通顺还可以改一改。

2. 说一说：将有趣的实验过程介绍给别人，还可以和小伙伴们一起动手试一试。

【项目作业三】梳理与探究

1. 判断下面哪些物品是利用了磁铁原理制造而成的。

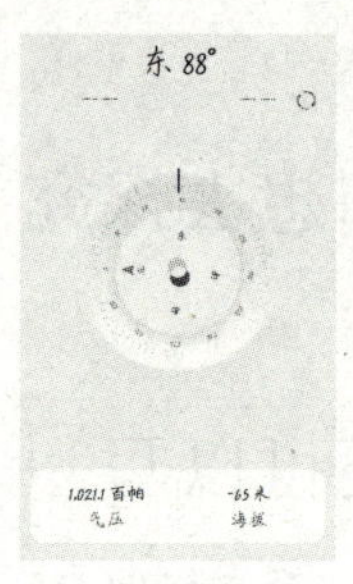

图一：指南针

图二：磁力玩具

图三：电磁炉

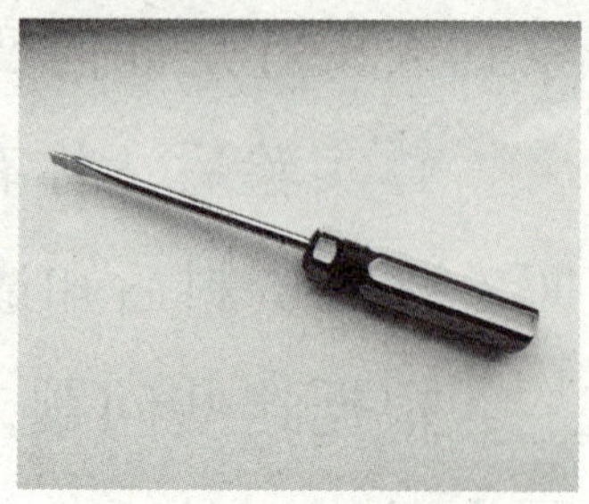

图四：普通螺丝刀

2. 观察生活中磁铁还有哪些用途。

3. 想一想：哪些东西是不能和磁铁放在一起的？查阅更多的资料，了解磁性在各种物体中的使用原理。

字词补给站

积累下面与“吸引力”有关的成语。

怦然心动	心潮澎湃	引人入胜	令人神往
心驰神往	梦寐以求	求之不得	勾魂摄魄
扣人心弦	心向往之	朝思暮想	日思夜想

★实验大揭秘★

同学们，这个实验就是运用了磁铁的磁性来隔杯取出大头针的。杯子中的大头针是铁做的，而磁铁具有强大的磁性，自然能吸附大头针，只要用它把大头针吸住，然后慢慢地带着大头针往杯口移动，很快就能取到啦！

我是“大力士”

“给我一个支点，我能撬动地球。”这是古希腊物理学家阿基米德的一句名言。人们都认为他在吹牛。其实，如果给你一个“支点”，你也可以成为一个“大力士”。不信？那就让我们通过一个小实验来证明吧！

活动过程

活动项目：我是“大力士”

活动场所：室内或室外

活动时长：10 分钟

实验准备：一块石头（也可用其他重物代替）、一把螺丝刀、一根木棍（也可用其他相似物品代替）

实验过程：

第一步：将石头摆在地上，木棍放在石头前，将螺丝刀的金属刀头放于石头下，刀柄放在木棍上。

第二步：按压螺丝刀刀柄，就能轻松撬起石头。

活动流程：

和父母一起做实验，观察木棍和螺丝刀的摆放位置。

尝试着自己撬一撬石头，然后想一想：为什么借助一把小小的螺丝刀可以撬动一块石头？

查一查资料，了解一下：这个实验是什么原理？哪个工具充当了“支点”？

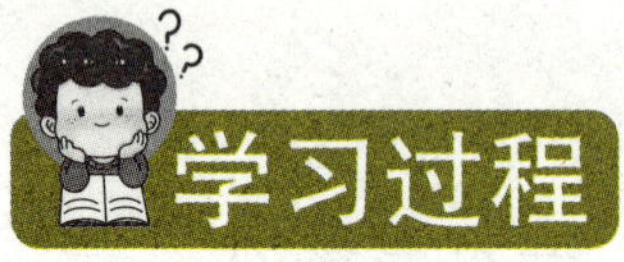

学习过程

学习目标：

1. 能参与并观察“我是‘大力士’”的实验过程。
2. 能查证实验中的杠杆原理。
3. 能使用书面和口头语言表达观察所得。

学习项目：

【项目作业一】阅读与鉴赏

你已经知道了吧，让你变得“力大无穷”的秘密就是杠杆原理。接下来，阅读下面两篇关于杠杆原理的材料吧。

【材料一】

聪明的小兔子

文 / 芬芬

一个阳光灿烂的早晨，小狗皮皮和小兔子花花打算去山坡上玩耍，走着走着，一块大石头挡住了路。

小狗皮皮说："石头挡在路上，会妨碍大家上山，我们一起把它搬掉吧！"

"好呀！好呀！"一听到能为大家做好事，小兔子花花可开心了。

"可是，这么大一块石头，我们能搬得动吗？"花花忍不住问。

一旁的皮皮拍了拍胸脯，自信地说："放心吧，我的力气大得很！"

于是，他抱紧石头准备搬走，可是费了九牛二虎之力，大石头却一动也没动。花花见状，赶忙上前帮着皮皮推石头，可无论他们如何用力，石头依然纹丝不动。这可怎么办？

忽然，小兔子花花灵机一动，她四处寻找，终于找到两根木棍。花花欢快地拿起一根木棍，插在石头和地面中间，然后把另一根木棍当支点，自己蹦到木棍上，用力一踩，石头便咕噜咕噜滚下了山。

小狗皮皮看到了这一幕，惊讶地张大了嘴巴，连连问她怎么想到的。花花笑了笑，把其中的原理告诉了他。

皮皮听了，对花花竖起了大拇指，直夸她真聪明！

【材料二】

杠杆原理

我们把一根可以绕着支点转动的硬棒称为杠杆。杠杆原理也被称为“杠杆平衡条件”。杠杆分为省力杠杆、费力杠杆和等臂杠杆。

最早提出杠杆原理的是一个叫阿基米德的古希腊人，阿基米德还根据杠杆原理进行了一系列的发明创造。据说，他曾经借助杠杆和滑轮组，使停放在沙滩上的桅船顺利下水。在保卫叙拉古城免受罗马军队袭击的战斗中，阿基米德利用杠杆原理制造了远、近距离的投石器，用它射出各种各样的飞弹和巨石来攻击敌人。借助投石器，他和他的同胞们把罗马人阻于叙拉古城外达三年之久。

战国时代的《墨经》中记载了杠杆的应用规律。这样的记载，对世界物理学史的研究是非常有价值的，而且墨子的发现比阿基米德早了约二百年呢！

其实，杠杆在生活中是相当常见的。我们用钳子钳断铁丝并不费力，而用手将铁丝弄断则十分费劲，钳子就是典型的省力杠杆。虽然用筷子夹食物干净卫生，但用筷子夹取食物比用手直接拿取食物要费劲一些，所以筷子在使用时是费力杠杆。两个体重相近的小朋友坐在跷跷板的两端，跷跷板绕着中间的转轴来回转动。我们把像跷跷板一样，两只“手臂”一样长，并且可以绕着支点（转轴）转动的结构，叫作等臂杠杆。

分析与理解

1. 获取信息：通过阅读材料一，你知道了故事中的小兔子花花是利用 ________ 原理搬动大石头的。

2. 评价鉴赏：读完材料二，你可以尝试着用筷子夹食物，想一想是否比直接用手抓更加费力呢？和爸爸妈妈交流一下你的感受。

3. 创意运用：你能用积木拼出一个等臂杠杆吗？动手试一试吧！

★阅读推荐★

《阿基米德科普绘本》（［法］索菲·德雷斯勒、热拉尔德·斯特尔等／著）

【项目作业二】表达与交流

1. 认真做完“我是‘大力士’”实验后写一写，将实验的过程写清楚。

你可以这样来记录：

◎实验前，你准备了哪些东西？你是如何摆放这些东西的？

◎实验中，你是怎么做的？当你撬动石块的时候，你是什么感觉？你反复做这一实验，每次结果都相同吗？你心中有什么疑问与猜想吗？

◎实验后，你是如何查证其中的原理的？你知道了原理后有什么想法？

根据这些问题，把实验过程写清楚，还可以写一写自己当时的心情。写完之后，读给爸爸妈妈听一听，看看哪里不通顺还可以改一改。

2. 说一说：将有趣的实验过程介绍给别人，和朋友一起试一试。

【项目作业三】梳理与探究

1. 判断下面物件中，哪些属于等臂杠杆。

图一：开瓶器

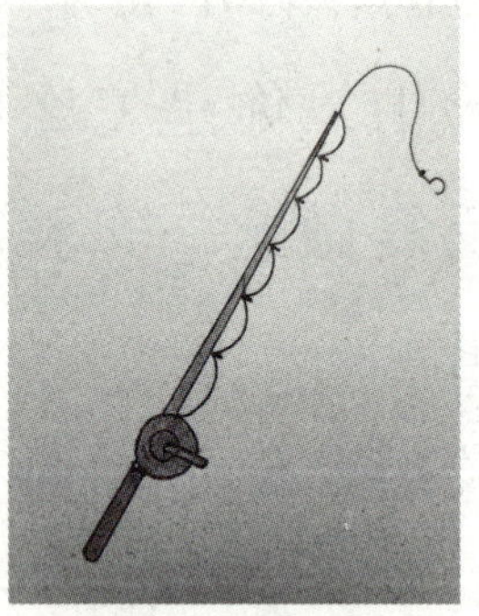
图二：钓鱼竿

图三：天平

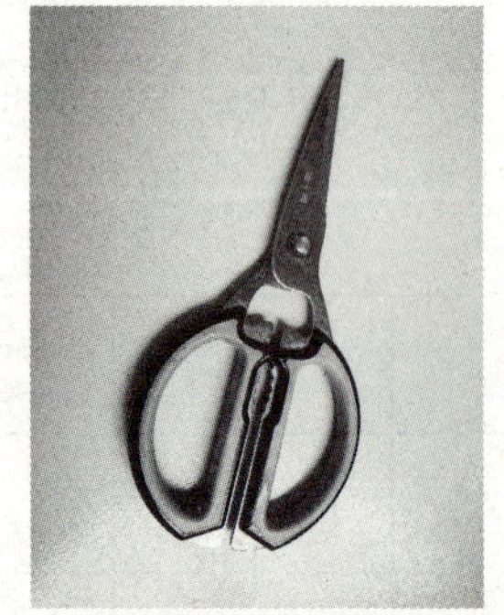
图四：剪刀

2. 仔细观察，你发现生活中还有哪些物品运用了杠杆原理？

3. 阿基米德曾经说过：“给我一个支点，我能撬动地球。”想一想，阿基米德的这个说法可以实现吗？查阅更多的资料，回答这个问题。

字词补给站

积累下面与“平衡”有关的成语。

平分秋色	喜忧参半	旗鼓相当	四平八稳
稳如泰山	虚实失度	稳稳当当	七平八稳
子母相权	德才兼备	半斤八两	得不偿失

★实验大揭秘★

同学们，在这个实验中，我们就是利用杠杆原理来撬动石头的。平躺的木棍与螺丝刀的接触点是支点，当用力往下压螺丝刀的把手时，螺丝刀绕着支点转动，螺丝刀的刀头向上运动，就把石块撬起来了。

彩虹，彩虹，爬上来

彩虹会爬？这也太匪夷所思了吧！古文中有“虹饮于河”的说法，难道彩虹真是能呼风唤雨的龙？嗨，别猜了，先来做个酷酷的小实验，秒变科学小达人。

活动过程

活动项目：彩虹，彩虹，爬上来

活动场所：室内

活动时长：约 5 分钟

实验准备：一把彩色笔、一小包餐巾纸、一个盛了水的玻璃碗

实验过程：

第一步：将红、橙、黄、绿、蓝、靛、紫七种颜色小心地涂在餐巾纸的末端。

第二步：将纸巾涂有颜色的一端垂直浸入水中，注意水位不要超过颜色线（如图所示），观察有什么现象产生。

活动流程：

试着自己动手做一做，观察产生的现象，和家人说一说你的发现和感受。

想一想：是什么原因让“彩虹”爬上去的呢？

查一查资料，了解这种现象产生的原因。

学习过程

学习目标：

1. 能参与实验并观察“彩虹，彩虹，爬上来”的全过程。
2. 能探究并了解有关毛细现象的科学知识。
3. 能使用书面语和口头语表达实验中的观察所得。

学习项目：

【项目作业一】阅读与鉴赏

原来，彩虹能“爬”到纸上是毛细现象啊！毛巾吸水、树木喝水、指尖采血等都是生活中的毛细现象。关于毛细现象的趣闻也是充满了神秘色彩，请阅读下面两篇材料。

【材料一】

象头神与毛细现象的奇迹

文 /Serena Alagappan　译 /Carlyle

在 2004 年印度洋海啸的灾难中，冲上金奈海岸的海水比印度教神庙还高出 50 英尺。尽管夹带着大量碎片的惊涛骇浪从四面八方向陆地袭来，但供奉象头神甘尼撒（印度教中的智慧之神）的露天花岗岩神龛却安然无恙。

其实，早在 1995 年 9 月 21 日，象头神甘尼撒就借（信徒的）一个动作震惊了全世界数以百万的印度教徒，从此闻名。当大多数信徒只是在甘尼撒神龛底部留下一盆盆牛奶时，一位来自新德里的男子却在大清早试着喂神像喝牛奶。男子惊讶地发现，他向甘尼撒嘴唇倾斜的金属勺中的液体消失了。他叫来了附近的牧师，自己再次试着给神像喂奶，而牧师们证实了他看到的一切。

随着消息的传播，印度国内外的庙宇很快吸引了成千上万的人来供奉象头神，看着它喝牛奶。那天，新德里的牛奶销量猛增 30%。全国各地大量民众涌入寺庙做祈祷，尤以新德里为甚，人潮甚至导致交通瘫痪。人们带着铃铛、香烛、铁罐子和黄色金盏花穿成的花环来到当地的寺庙，跪在甘尼撒的神龛前，感谢它的指引。

当然，神仙显灵的观点遭到了科学家的怀疑。印度科技部的研究人员来到神庙以验证另外一种假设：牛奶因毛细现象而消失。科学家们来到最先报道“奇迹”的寺庙，用食用色素染了色的牛奶进行实验。随着勺子中的液体逐渐减少并消失，被染色的牛奶扩散进入了神像，以相同颜色覆盖在其表面。科学家解释说，神像一直是这样吸收牛奶的。由于寺庙中的神像大多由陶瓷或石头等多孔材料制成，并有花朵、茎干和枝条的装饰，因而存在许多能够通过毛细现象“吸入”牛奶的细孔。但是，由于薄薄的一层牛奶几乎没有颜色，因此之前无法观察到液体扩散的过程。

毛细现象拥有最质朴的吸引力，当你没有想起这种现象时，它显得令人敬畏。但是当你明白其背后的深意时，依然有值得人们啧啧称奇和为之“喧闹”的东西。

（有删改）

【材料二】

生活中的毛细现象

你知道爱因斯坦人生中发表的第一篇论文是关于什么的吗?就是毛细现象。这个现象在日常生活中无处不在。

树木依靠毛细现象吸收水分，向周围环境供氧，不断生枝拔高、开花结果。可想而知，如果没有毛细现象，树木将无法生存。如果不使用电器，想单凭左右手拧干衣物，即便倾尽洪荒之力，也只能望洋兴叹。但如果将衣服放到平铺的毛巾或浴巾上卷起来，再用力拧，几分钟后拿出来看一看，衣服已经基本上全变干了！你知道这是为什么吗？在验血型时，护士只要将毛细管放在我们冒血的指尖上，血就能自动“爬”进管中，你思考过这又是为什么吗？

有些情况下，毛细现象是有害的。例如，建筑房屋的时候，被砸实的地基中毛细管又多又细，它们会把土壤中的水分引上来，使得室内潮湿。所以建房时在地基上面铺油毡，就是为了防止毛细现象造成的潮湿。水沿毛细管上升的现象，对农业生产的影响很大。土壤里有很多毛细管，地下的水分经常沿着这些毛细管上升到地面上来。如果要保存地下的水分，就应当锄松地面的土壤，破坏土壤表层的毛细管，以减少水分的蒸发。

你瞧，毛细现象真是无处不在呀！

分析与理解

1. 整体感知：阅读材料一，你能根据图示将这个故事讲给家人听吗？讲的时候注意语气，在你觉得不可思议的地方可以停下来，让家人猜一猜，设置悬疑再揭秘。

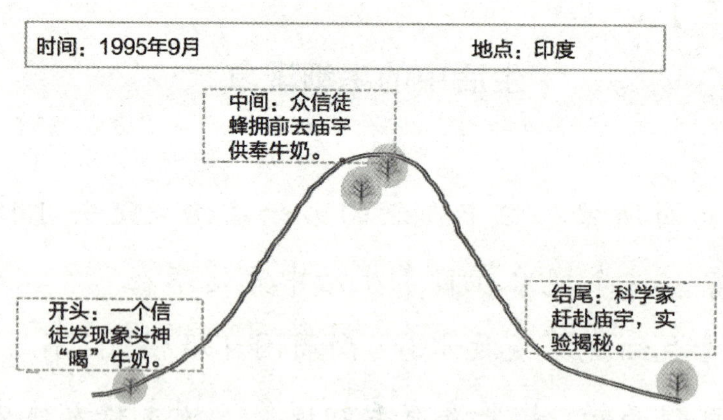

2. 形成解释：阅读材料二，文中画线部分两种现象产生的原因都是__________现象。

3. 创意运用：如何利用毛细现象从一杯泥水中得到清水呢？

想一想，做一做。

★阅读推荐★

《微力无边：神奇的毛细和浸润现象》（刘建林／著）

【项目作业二】表达与交流

1. 在仔细观察“彩虹，彩虹，爬上来”实验后，写一写，将实验的过程写清楚。

提示：

◎实验前，你有什么猜测？做了哪些准备？

◎实验中，你是怎样一步一步操作的呢？看到七道颜色争先恐后往上爬时，你惊喜吗？有没有为它们加油？当梦幻般的颜色挂在你面前时，有没有想把它收藏起来的冲动？你脑海里还产生了哪些小问号呢？

◎实验后，你和爸爸妈妈是怎样讨论并查证的？

写完之后，读给爸爸妈妈听一听，看看哪里不通顺还可以改一改。

2. 说一说：将这有趣的实验过程介绍给别人，和朋友一起试一试。

【项目作业三】梳理与探究

利用家中的其他材料，如塑料勺、铅笔、毛线、粉笔等，再做一次这个实验，说不定你能发现毛细现象更多的秘密。

字词补给站

积累下面形容"彩虹"的词语。

七彩斑斓　　绚丽多彩　　彩虹当空

雨后彩虹　　气贯长虹　　弧状虹霓

白虹贯日　　彩桥横空　　虹销雨霁

★实验大揭秘★

同学们，"彩虹，彩虹，爬上来"这个实验运用的就是毛细管吸水的原理。纸巾很疏松，是由很多纤维组成的，纤维和纤维之间有很多毛细孔。这些毛细孔就像吸管一样，将水吸到纸巾上来，当水经过色彩的时候，将色彩带着一起向上升，于是，我们就看到了一道漂亮的彩虹。

飞吧，孔明灯！

空气，看不见，摸不着，可它却无处不在。有一种空气，它在特定情况下还拥有神秘力量，能做上升运动呢！让我们通过一个小实验来走进这神奇的科学大花园，一探究竟吧！

活动过程

活动项目：放飞孔明灯

活动场所：室内

活动时长：15 分钟

实验准备：孔明灯套装（可网购）、一个打火机、一支马克笔

实验过程：

第一步：在无风的夜晚，找到一块无遮挡物的空地，打开孔明灯套装，你还可以用马克笔在孔明灯罩上写上祝福语。来回晃动孔明灯，让孔明灯里充满空气。

第二步：拎住孔明灯的顶端，用打火机点燃孔明灯上的蜡块。（请在家长协助下操作）

第三步：静静等待蜡块充分燃烧后，轻轻放手，孔明灯就飞起来了。

第四步：三四分钟后，蜡块燃尽，孔明灯坠落，记得把落下来的孔明灯扔进垃圾桶哦。

活动流程：

和父母一起做一做实验，在孔明灯罩上写上祝福语。

想一想：为什么点了火后孔明灯就能飞上天空？

查一查：孔明灯是靠什么力量往上飞的？

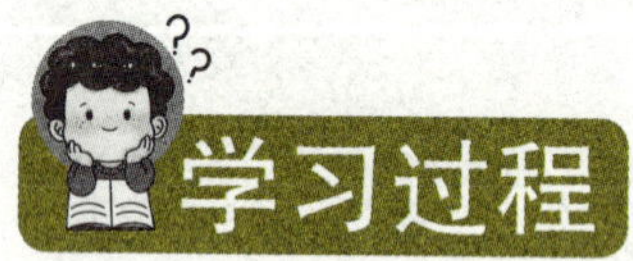

学习过程

学习目标：

1. 能参与并观察“放飞孔明灯”的实验过程。
2. 能查证实验中孔明灯升空的科学道理。
3. 能使用书面语和口头语表达整个放飞过程中的观察所得。

学习项目：

【项目作业一】阅读与鉴赏

通过放飞孔明灯，你是不是发现了热空气的秘密呢？孔明灯里的空气受热膨胀，推动孔明灯开始慢慢升空。接下来，让我们阅读材料，继续了解热空气的秘密吧！

【材料一】

快乐“孔明灯”

文 / 吕星瞳

“丁零零……”上课铃响了，又到了科学课的时间！王老师健步走上讲台，说：“今天我们要做孔明灯实验，准备好了吗？”

“孔明灯？”我们开心得跳了起来。王老师开始讲解实验的过程和原理，同学们都竖起了耳朵，生怕错过任何一个细节。

终于可以开始做实验了！同学们跃跃欲试，身子都快探到讲桌上了！我找王老师领了一个小塑料袋和一支白色的长蜡烛，回到座位上，“呼——呼——”我用力地抖了几下塑料袋，让它充满空气，然后开始给组员们分工：“佳佳、乐乐，你们俩负责拉开袋子；小雪，可千万扶稳蜡烛哦！”王老师走到我们面前，掏出打火机，“啪”的一声，蜡烛上蹿起了小火苗。佳佳、乐乐赶紧把塑料袋罩了下去。我们在一旁紧张得不行，嘴里喊着：“小心，别太近哦！”“不不不，太远了，再近些……”佳佳两手轻轻拉着袋口，乐乐拎着塑料袋的顶部，大家都静静地等待着，连呼吸都变慢了，时间也仿佛停止了。

鼓了，鼓了！塑料袋慢慢鼓了起来，瞧，它拼命地扭着自己的身体，想挣脱我们的手呢！“一、二、三，松！”我大声喊起口令，佳佳和乐乐便一起松开了手。哇！小小塑料袋轻轻飞了起来！它摇摇晃晃地越飞越高，我们的小脑袋也越仰越高！

一个、两个、三个……同学们的小小塑料袋也相继飞了起来，教室上空飘满了摇摇晃晃、鼓鼓囊囊、五颜六色的塑料袋。我们的“孔明灯”都飞了起来！实验成功了！教室里一片欢呼声。

回家后，我兴奋地把孔明灯实验讲给爸爸妈妈听，爸爸说：“相传，孔明灯又叫天灯，是由三国时的诸葛亮也就是孔明先生发明的。当年他被司马懿围困在平阳，全军上下束手无策，诸葛亮想出一条妙计，他算准风向，命人拿来白纸千张，糊成无数个灯笼，再利用空气受热变轻的原理带着这些小灯笼升空。一个个小小的灯笼升起，营内的士兵高呼着：‘诸葛先生坐着天灯突围啦！’司马懿竟然信以为真，带兵向天灯的方向追赶，诸葛亮得以脱险。后来，人们为了纪念聪明的孔明先生，就把它取名‘孔明灯’，还赋予了它祈福的美好祝愿，在每年的元宵节或重大节庆时进行放飞。”

“但是啊，”爸爸接着说，“孔明灯没有方向控制系统，因此要在无风的夜晚放飞，而且一定要在空地上放飞才行，否则容易引起火灾。而且，记得捡起落下的孔明灯，不能污染环境哦。”

嗯，今天又长知识了呢！

【材料二】

热气球的“前世今生”

文 / 吕星瞳

你看过热气球比赛吗？那五颜六色、大大小小的热气球慢慢升空的景象，实在是壮观至极。可是你知道吗？热气球是有人受到生活现象的启示才发明出来的呢！

18 世纪，法国造纸商蒙戈菲尔兄弟看到碎纸屑在火炉中不断升起，于是开始琢磨是什么让碎纸屑升起来的。他们开始尝试各种实验，寻找其中的秘密。他们用纸袋“困”住了满满一袋的空气，同时对空气进行加热，最后，比碎纸屑重得多的纸袋竟然慢慢升了起来！

蒙戈菲尔兄弟脑洞大开，开始用布等材料代替纸袋。当然，加热“装备”的能量也越来越大，他们甚至还装上了吊篮，让人坐在里边。他们经历了很多次的失败，但最后终于成功了，这就是人们后来说的“热气球”。第一次载人飞行的热气球居然在天空中“飞行”了大约 25 分钟。这个了不起的实验比莱特兄弟的飞机飞行实验整整早了 120 年呢！

后来的许多年，越来越多的人想要像鸟儿一样到天空中飞行，于是大家开动脑筋，不断改进材料和燃料，使热气球变得越来越结实，飞得越来越远，热气球运动甚至还变成了一项很多人喜爱的体育比赛。

飞得最高的热气球，创造了上升 34668 米高的纪录；飞得最远的热气球，甚至成功跨越了大西洋和太平洋。

现在，全世界各个国家都会开展热气球比赛，热气球让人们也变成了自由飞翔的“鸟儿”。可是，谁又能想到，这仅仅是来自一次对生活的细心观察和对科学的勇敢探索呢！

分析与理解

1. 获取信息：空气受热膨胀是一种极为普遍的现象。材料一和材料二中列举了哪些实例为我们介绍了热空气？

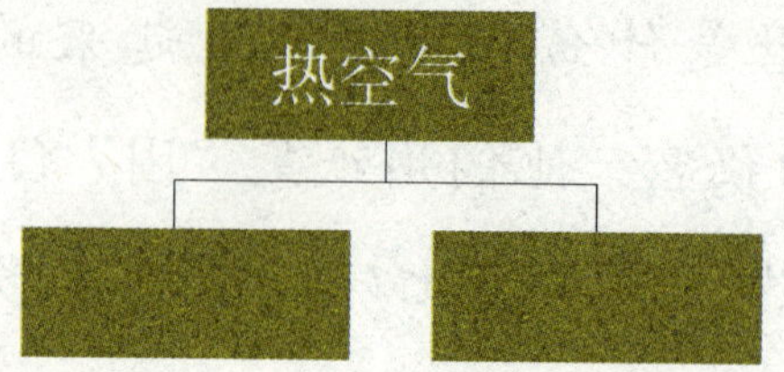

2. 评价赏析：说说蒙戈菲尔兄弟的实验给了你什么启发。

3. 创意运用：你知道为什么抽油烟机要安装在炉灶的上方吗？（请用热空气的原理来解释）

____

____

★阅读推荐★

《1 分钟物理》（中国科学院物理所 / 著）

【项目作业二】表达与交流

1. 在仔细做完“放飞孔明灯”实验后写一写，将实验的过程写清楚。

你可以这样来记录：

◎实验前，你分别准备了哪些物品？选择在什么时间、地点开始做实验？

◎实验中，你的实验步骤是什么？在点燃蜡块的时候遇到了什么困难？孔明灯从点燃到放飞发生了什么变化、用了多长时间？孔明灯升空时，你的心情怎样？回收孔明灯的过程中，遇到了哪些困难？

◎实验后，你发现了什么？你有什么想法和感受？

根据这些问题，把实验过程写清楚，还可以写一写自己当时的心情。写完之后，读给爸爸妈妈听一听，看看哪里不通顺还可以改一改。

2. 说一说：将有趣的实验过程介绍给别人，和朋友一起试一试。

【项目作业三】梳理与探究

1. 判断下面现象，哪些是热空气现象，请打“√”。

图一：热气球（　　）

图二：翼装飞行（　　）

图三：飞机飞行（　　）

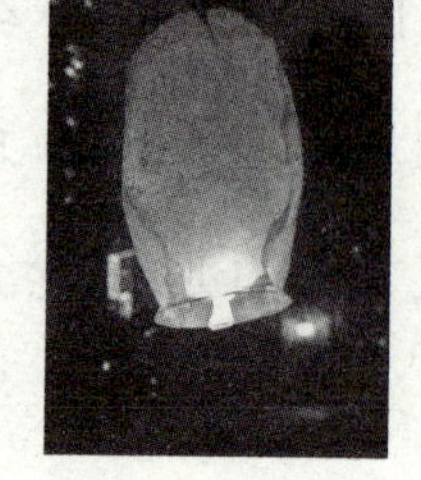

图四：孔明灯（　　）

2. 想一想：热空气还能给人们带来哪些便利？请查阅更多的资料。

____

____

字词补给站

积累下面与“飞”有关的成语。

飞蛾扑火	飞沙走石	鸡飞狗跳	笨鸟先飞
健步如飞	比翼双飞	不翼而飞	插翅难飞
飞檐走壁	飞黄腾达	飞来横祸	飞禽走兽

★实验大揭秘★

同学们，受热的空气平均密度小于空气，此时，受热空气的浮力大于自身的重力，于是就使得充盈了热空气的物体升起来了，这就是热气球、孔明灯升空的原理。

鸡蛋的“华尔兹”

如果大家欣赏过优美的华尔兹，一定会陶醉其中。可是你们知道吗？鸡蛋也会跳“华尔兹”呢！不过，要想让鸡蛋舞出节奏，可是有秘诀的哟！让我们和家人一起做个小实验，共同完成一场鸡蛋的“舞蹈秀”吧！

活动过程

活动项目：火眼金睛辨生熟

活动场所：室内

活动时长：15 分钟

实验准备：一枚生鸡蛋、一枚熟鸡蛋、一支记号笔

实验过程：

第一步：分别在生、熟鸡蛋壳上做不同的标记，方便对比分析实验结果。

第二步：分别旋转两枚鸡蛋，并用指尖轻按鸡蛋一秒左右后迅速抬离，观察鸡蛋是否能继续旋转。

第三步：这枚还在旋转的鸡蛋是生的还是熟的？敲破鸡蛋，来验证实验猜想吧。

活动流程：

和父母一起动手做实验，分辨生鸡蛋、熟鸡蛋。

尝试自己做一做，然后想一想：为什么生鸡蛋和熟鸡蛋舞蹈节奏不同？为什么生鸡蛋被按停后会再次旋转，而熟鸡蛋不会？

查一查资料后说说：生鸡蛋被按停后能再次旋转的原理是什么？

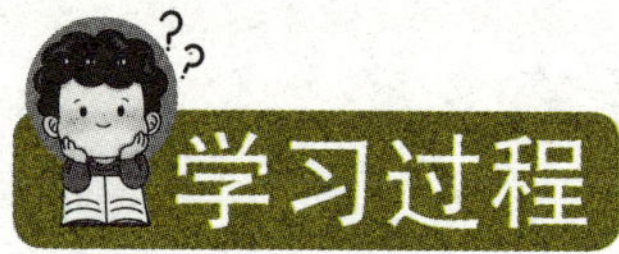

学习目标：

1. 能参与“火眼金睛辨生熟”的实验并观察整个过程。

2. 能查证本次实验中关于惯性的科学道理。

3. 能使用书面语和口头语表达实验过程中的观察所得。

学习项目：

【项目作业一】阅读与鉴赏

你已经知道让鸡蛋舞出不同节奏的神秘力量是什么了吧！其

实呀，生活中这种神秘力量无处不在。来，阅读下面两篇文章长知识吧。

【材料一】

神奇的惯性

惯性是我们生活中无处不在的神奇力量，科学家们把物体保持运动状态不变的属性叫作惯性。

惯性的大小只与物体的质量有关。质量越大的物体，惯性越大。质量较小的足球容易被踢飞，而质量较大的篮球踢起来却很困难。同样速度行驶的空汽车和载重汽车，空车容易刹车，载重车难刹车，因为载重车惯性大，运动状态难改变。所以在路上行走或者驾驶汽车时，一定要和大货车保持距离哦！

发射卫星的方向和地点的选择也是利用了惯性原理呢！你们知道在地球的哪个位置发射火箭最省力、最省燃料吗？答案是赤道。地球不同纬度自转的线速度各不相同，赤道处最大，而南北极最小，几乎为零。火箭向东发射，顺着地球自转的方向，就可以利用地球自转的惯性节省推力。是不是很神奇呢？

生活中还有许多现象都是基于惯性原理，只要我们多去观察，就会发现惯性更多的神奇之处！

【材料二】

惯性与生活

所有物体都具有惯性，惯性在我们生活中的应用随处可见。

你还记得家里大扫除的场面吗？如果灰尘落在衣服上或者被子上，大人们会拍一下或抖一下衣服或被子，这样就可以将灰尘抖落下来。你留意过家里洗衣机的甩干功能吗？将刚洗完还湿漉漉的衣服放在甩干桶里，只要按下按钮，洗衣机就会快速转动，衣服里的水就会很快被甩出去。

你知道掷铅球、跳远、投标枪、射箭这些运动有什么诀窍吗？对了，就是利用惯性！物体要想运动得更远，需要提前获得较快的速度，这样当物体离开后，就可以保持之前较快的速度向前运动，从而获得较好的成绩。

惯性有对人有利的一面，但有时候也会给我们带来一些麻烦，甚至危害我们的生命安全。如汽车突然加速或是刹车，乘客容易受伤；大货车超速容易出事故……我们需要提防这些惯性杀手。

惯性与我们的生活息息相关，我们要正确认识惯性，合理地利用惯性，规避惯性不利的方面，让惯性更好地为我们服务！

分析与理解

1. 获取信息：读了材料一，你知道什么是惯性吗？请用横线画出来。

2. 形成解释：读了材料二，你知道在路上时，我们为什么要和大货车保持距离吗？

____

3. 创意运用：请你在坐车时留意并感受，车辆行驶中，司机叔叔踩急刹车时，你会不由自主地往什么方向倾斜？司机加速时，你的身体又会往什么方向倾斜？请用惯性的原理来解释一下。

____

★阅读推荐★

《这就是物理》（［美］约瑟夫·米森／文　［美］萨缪·希提／图　张梦叶／译）

【项目作业二】表达与交流

1. 认真地做实验，仔细观察并记录生鸡蛋、熟鸡蛋的不同表现，把实验过程写清楚。

你可以这样来记录：

◎实验前，你和爸爸妈妈做了什么准备？生鸡蛋和熟鸡蛋你用肉眼能区分吗？它们的重量一样吗？

◎实验中，生鸡蛋的表现是怎样的？熟鸡蛋又是怎样的？它们的运动轨迹有什么不同？你印象最深的是什么？

◎实验后，你有什么想法和感受？你知道这个实验里有什么科学道理吗？

根据这些问题，你可以把实验过程写清楚，重点写一写你观察到的生鸡蛋、熟鸡蛋不同的运动轨迹，可以加入自己当时的心情。写完之后，读给爸爸妈妈听一听，看看哪里不通顺还可以改一改。

2. 说一说：将有趣的实验过程介绍给别人，和朋友一起试一试。

【项目作业三】梳理与探究

1. 判断下面现象中，是否用到惯性原理。

图一：跳远

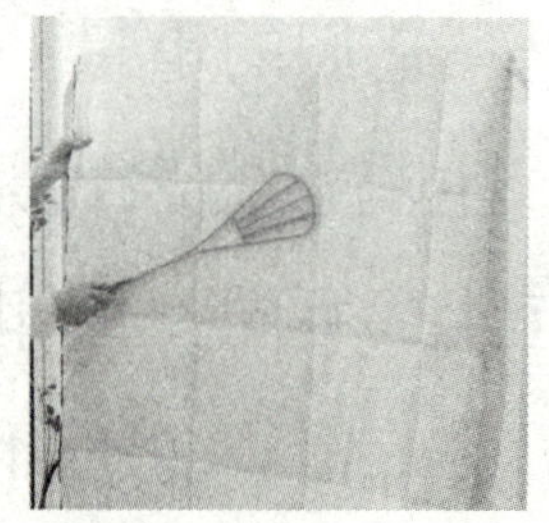

图二：拍被子抖落灰尘

图三：雪天开车慢行

图四：钉钉子

2. 想一想：如何发挥惯性有利的一面、规避有害的一面以帮助人们改善生活？请查阅更多的资料。

字词补给站

积累下面有关“习惯”的成语与名言。

熟能生巧　　轻车熟路　　江山易改，禀性难移

习久成性　　陈规陋习　　积重难返　　习以为常

少成若天性，习惯成自然。

——孔子

思想决定行动，行动养成习惯，习惯形成品质，品质决定命运。

——陶行知

★实验大揭秘★

同学们，让鸡蛋舞出不同节奏的神秘力量就是惯性。任何物体在任何时候都是有惯性的，它要保持原有的运动状态不变，直到被外力所制止。因为熟鸡蛋内外都是固体，所以蛋的内部会随着外壳的停止而停止。而生鸡蛋，虽然外壳会立刻停止旋转，但内部的液体会因为惯性继续旋转，所以即使离开手指，它仍会维持旋转状态，从而牵引着外壳恢复旋转。

倔强的小纽扣

小纽扣也是有脾气的哦，不信，你试试把它压倒在水里，会发现它还是要站起来，但是又好像力量不足，在不断挣扎似的。让我们与家人一起做个小实验，看浮浮沉沉的小纽扣吧！

活动过程

活动项目：不安分的小纽扣

活动场所：室内

活动时长：15 分钟

实验准备：一瓶可乐、一个透明玻璃杯、一颗小纽扣、一个勺子

实验过程：

第一步：往透明玻璃杯里缓缓倒入大半杯可乐。

第二步：把纽扣轻轻放到杯子里。

第三步：如果纽扣浮在可乐上面的话，可用塑料勺把它压下去。虽然纽扣会沉在杯底，但不一会儿它又会站起来。再用勺子轻轻敲打纽扣一下，让它再次掉到杯底吧！

活动流程：

和父母一起动手做一做实验，观察纽扣在汽水中的变化情况。

尝试自己做一做，然后想一想：为什么纽扣会在汽水中上浮，浮起后又会下沉？

查一查资料，说一说：纽扣在汽水中不断上下沉浮的原因是什么？

学习目标：

1. 能参与并观察“不安分的小纽扣”的实验过程。
2. 能查证实验中与二氧化碳相关的科学道理。
3. 能使用书面语和口头语表达观察所得。

学习项目：

【项目作业一】阅读与鉴赏

你已经知道小纽扣在汽水中不断沉浮的原理了吧！接下来，阅读下面两篇关于二氧化碳的材料来长知识吧！

【材料一】

二氧化碳的秘密

大家好，我是二氧化碳，生活中我无处不在。原始社会时期，人们就感知到了我的存在，但由于历史条件的限制，人们把看不见、摸不着的我看成是一种杀生而不留痕迹的凶神妖怪，而非一种物质。今天，我要借此机会向大家好好地介绍自己。

我是空气的组成成分之一，在常温常压下是一种无色无味的气体。我可以溶于水，含有我的水溶液略有酸味。我也是一种常见的温室气体。

我并不活泼，热稳定性很高，不能燃烧，通常也不支持燃烧，属于酸性氧化物。所以，我可以用于消防灭火。

我一般可由高温煅烧石灰石或由石灰石和稀盐酸反应制得。除了气体形态，我还会变身哦！我可以是固态，也可以变成液态。我的能力不小，主要应用于冷藏易腐败的食品（固态）、做制冷剂（液态）、制造碳化软饮料（气态）等。

低浓度的我没有毒性，但高浓度的我则会使人或其他生物中毒。如果使用不当，我就会给人们带来致命的灾难。希望同学们可以更加了解我，并学会正确使用我，让我更好地为人类造福！

【材料二】

谁动了我的“汽水”

文 / 何静

小夫是碳酸饮料的重度爱好者，尤其到了夏天，他恨不得把自己泡进雪碧和可乐里。他放学回到家后总是第一时间冲向冰箱，打开冰箱门，感受扑面而来的丝丝雾气，随即旋开一罐可乐，听着“啪嗤——”的声音，心中抑制不住地兴奋，将可乐一饮而尽……随着一个饱嗝，这才满足地捧着肚子仰躺在沙发上，似乎还在回味着冰可乐在自己舌尖上绽放的快乐。

一天，小夫如往常一样打开一瓶“快乐水”，突然窗外飘来了好友小熊的召唤：“小夫！我新买了一个无人机玩具，你快下来看呀！”小夫两眼放光，随手将汽水放在了茶几上，飞奔下楼。

等小夫回来再享用他的“快乐水”时，差点一口喷了出来。小夫大喊：“谁动了我的汽水啊？怎么变得这么难喝啊？一点都不清爽了！”

爸爸笑眯眯地走了过来：“小夫，刚才没有人动你的可乐哦，你的可乐‘变味’的原因是二氧化碳。”

小夫丈二和尚摸不着头脑，和爸爸一起查阅了资料，发现汽水倒入杯子时产生的气泡其实就是“二氧化碳”，二氧化碳溶于其中的饮料，被称为“碳酸饮料”。饮料清凉舒爽就是因为有碳酸离子。二氧化碳有着易溶于水的性质，当它和水发生反应时，会产生碳酸离子，水就会有清爽的感觉。

汽水是溶解二氧化碳制作而成的，压力越大，被溶解的气体量就越多。即使气体被水溶解，压力降低时就会恢复气态，所以打开瓶子时会有气体跑出来。且温度越低，溶于水的二氧化碳就越多，但是温度一旦升高，气体在水中就会变得“活泼”起来，更容易脱离水面，这就是隔一段时间饮料就会失去汽水特有的清凉，变成糖水的原因。

小夫恍然大悟！

分析与理解

1. 获取信息：阅读完材料一，你认为二氧化碳可以用于消防是利用了这一气体的________特点。

2. 形成解释：材料二中，谁动了“我”的汽水？请说出理由。

____

3. 创意运用：读了上面两篇短文，你对二氧化碳的性质和作用一定有了深入了解。请绘制一个思维导图，并按照思维导图把“二氧化碳”介绍给你的同伴吧。

★阅读推荐★

《给孩子的 STEAM 实验室》（［美］丽兹·李·海拿克／著　河马星球／译）

【项目作业二】表达与交流

1. 仔细地观察“不安分的小纽扣”实验过程中的变化情况，

并将实验的过程写清楚。

你可以这样来记录：

◎实验前，你和爸爸妈妈做了什么准备？

◎实验中，小纽扣在汽水中的运动轨迹是怎么样的？刚放进汽水时，纽扣发生了什么变化？静置一段时间后，纽扣又发生了怎样的变化？你印象最深的是什么？

◎实验后，你有什么想法和感受？

根据这些问题，写一写实验过程，可以加入自己当时的心情。写完之后，读给爸爸妈妈听一听，看看哪里不通顺还可以改一改。

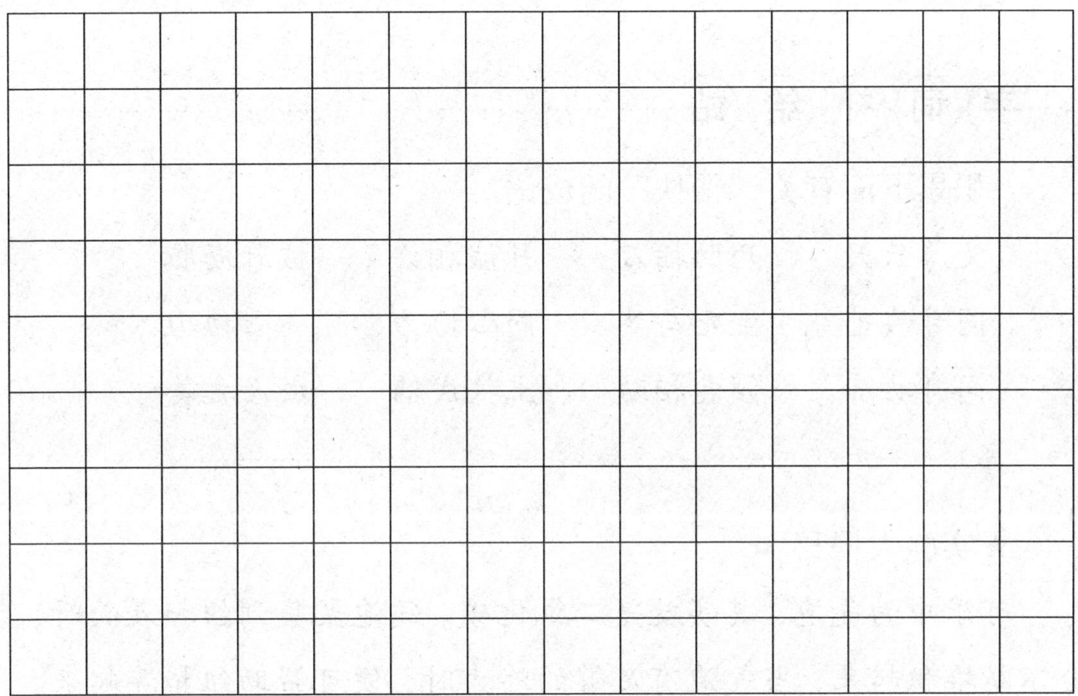

2. 说一说：将有趣的实验过程介绍给别人，和朋友一起试一试。

【项目作业三】梳理与探究

1. 判断下面图片中哪些运用了二氧化碳。

图一：舞台干冰

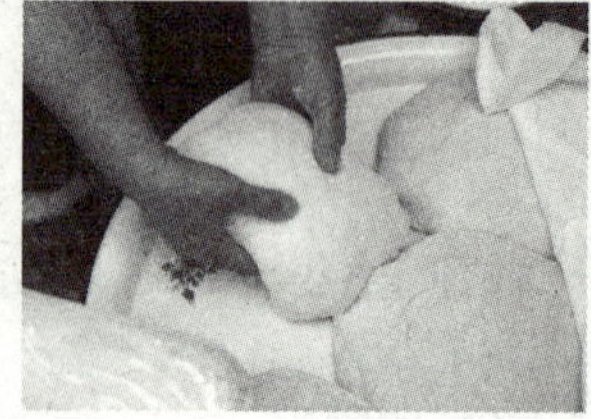
图二：蓬松面食

图三：储藏蔬菜

图四：灭火器

2. 人们是如何利用二氧化碳的特点来改善生活的？请查找更多资料。

字词补给站

积累下面有关“帮扶”的成语。

义薄云天	两肋插刀	丹诚相许	披肝沥胆
同甘共苦	生死与共	同心协力	齐心协力
同舟共济	倾囊相助	土扶成墙	成人之美

★实验大揭秘★

可乐中的气泡，其实就是二氧化碳。气泡聚集到纽扣表面时，会不断堆积起来，当气泡有足够的浮力时，便可帮助纽扣浮起来。所以，纽扣会在可乐中不断地浮沉。

比比谁更“硬”

同学们，石子和棉花谁更硬呢？答案显而易见。如果把它们冻成冰块再来比赛，答案还会一样吗？让我们通过一个小实验，走进科学世界去探秘吧！

活动过程

活动项目：哪种冰块更硬

活动场所：室内

活动时长：20 分钟

实验准备：少量碎石子、一包棉花、两个一次性纸杯、一把小锤子、适量清水

实验过程：

第一步：将碎石子和棉花分别放入一次性纸杯中，倒入水，水要没过石子和棉花。棉花较轻，可以把棉花压实一些，让棉花在水里多浸一会儿。

第二步：将两个水杯放入冰箱冷冻一晚，使它们冻成冰块。

第三步：用小锤敲击冰块，看看哪个冰块更坚硬。

活动流程：

用手摸一摸：石子和棉花有什么不一样的感觉？

用小锤敲击冰块，仔细看一看哪种冰块不容易破裂。

想一想：棉花有什么神奇力量可以让冰块变得坚硬？查一查，验证你的想法。

学习过程

学习目标：

1. 能参与并观察“哪种冰块更硬”的实验过程。

2. 能查证并理解棉花纤维阻断冰块破裂使冰块坚固的科学原理。

3. 能使用书面语和口头语表达观察所得。

学习项目：

【项目作业一】阅读与鉴赏

通过查证，我们已经知道是棉花纤维起了大作用。接下来，阅读下面两篇材料，让我们了解更多有关纤维和棉花的知识吧。

【材料一】

植物纤维

你知道什么是植物纤维吗？它就像我们的头发丝一样，是一种广泛分布在种子植物中的丝状或絮状厚壁组织。你可不要小瞧这些丝絮状组织，它们对植物具有支撑、连接、包裹、充填等作用呢。

植物纤维根据所在的部位不同，可以分为以下四个种类：

1. 种子纤维：顾名思义，它是分布在植物的种子上的，具体是指一些植物的种子表皮上生长的纤维。比如棉花、木棉。

2. 韧皮纤维：它是从一些植物的韧皮中取得的丝状纤维。比如亚麻、黄麻、竹纤维等。

3. 叶纤维：这就更好理解了，你一定能推测出，它是从一些植物的叶子中取得的纤维。比如剑麻、蕉麻。

4. 果实纤维：很显然，它是从一些植物的果实中取得的纤维。比如椰子纤维。

这些植物纤维大都具有良好的柔韧性，人们很早就发现并利用它们来制作各种纺织品。除了日常生活中的必需品以外，绳索、纸张、包装、编织等，也都需要植物纤维做原料。

【材料二】

棉花的自述

文 / 文青

我是一株棉花，虽有花之名，可是花园里却见不到我的身影。这是为什么呢？因为我是一种农作物。你们可不要小瞧我，我可是世界上主要的农作物之一，许多国家都大面积种植我呢。

我的老家在印度和阿拉伯半岛，大约在南北朝时期传入中国，直到宋代，我才被中国人民广泛种植。这得感谢一位老婆婆，她的名字叫黄道婆。她曾经向黎族妇女学习了棉花纺织技术，并且加以改进，总结出实用的新技术。黄道婆返回家乡后，又引导家乡人民进行棉花种植和加工，还研发制作了纺织机器。中华人民共和国刚成立时，“爱国发家，多种棉花”的口号在全国喊响。现如今，中国已经成为产棉大国。

用我的纤维可以制成多种不同规格的织物。用我制作的各种衣服、布料等具有坚牢耐磨的特点，还能够重复洗涤和熨烫，穿着很舒适。我的保暖性也非常好，正所谓“一朝花开天下暖”，我成了人们生活中最常见、最实用的御寒品。

我不仅是重要的纺织原料，也是重要的油料作物。我的种子叫作棉籽，可以榨成棉籽油，用途广泛，而且提油后的籽仁饼渣还可以做家畜的饲料呢。难怪大家说我“全身都是宝”。

分析与理解

1. 获取信息：请你根据材料一的内容，完成思维导图。

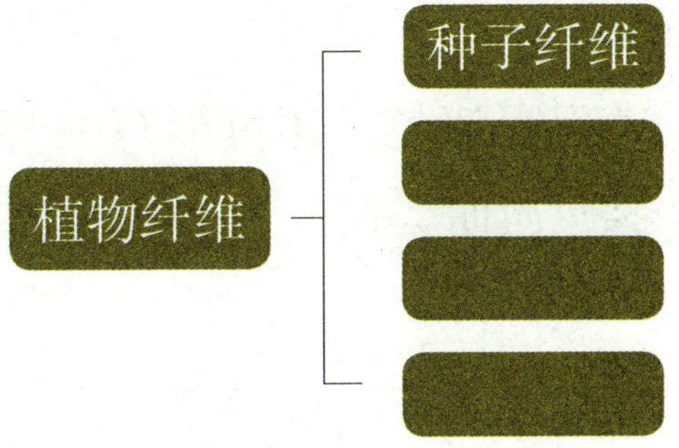

2. 形成解释：读了材料二，请你和爸爸妈妈聊一聊棉花的好处。

3. 创意运用：未来人们会穿什么样的衣服呢？请你发挥想象，动手画一幅设计图，还可以在旁边标注上衣服的特殊作用哦。

★阅读推荐★

绘本《棉花的故事》（徐滟 / 主编）

【项目作业二】表达与交流

1. 完成实验后写一写，将实验的过程写清楚。

你可以这样来记录：

◎实验前，用手摸石子和棉花时的感觉是什么？

◎冻冰块时，你对实验结果做了什么预测？你认为谁能让冰块更坚硬？你的预测依据是什么？

◎你是如何敲冰块的？当时有何感受？当看到含有棉花的冰

块更坚硬时，你又是怎么想的呢？

根据这些问题，把实验过程写清楚，还可以写一写自己当时的心情。写完之后，读给爸爸妈妈听一听，看看哪里不通顺还可以改一改。

2. 说一说：将实验方法分享给小伙伴，和小伙伴一起试一试。

【项目作业三】梳理与探究

1. 同学们，图中的这些日常物品都是棉花制成的，在家里找找它们吧。

图一：毛巾

图二：棉签

图三：帽子

图四：毛绒玩具

2. 除了上一题中图片上的物品，你还能找到其他的棉花制品吗？和爸爸妈妈说一说它们的用途吧。

3. 棉花没有传入我国之前，人们穿什么材质的衣物呢？跟爸爸妈妈一起查查资料，了解一下吧。

字词补给站

积累以下有关“温暖”的词语和“赞美棉花”的诗句吧！

春暖花开　　嘘寒问暖　　人情冷暖　　乍暖还寒

抱团取暖　　风轻日暖　　偷寒送暖　　春风送暖

五月棉花秀，八月棉花干。花开天下暖，花落天下寒。

——［清］马苏臣《棉花》

棉花织布胜绵绸，江北人来市上收。
有女家家勤早起，机中忘却未梳头。

——［清］张洵佳《华墅竹枝词三首·其二》

★实验大揭秘★

当你敲击冰块时，在含有棉花的冰块中，棉花纤维就像树根一样，牢牢地抓住冰块的各个部分，使冰块变得很结实，所以冰块很难破裂。石子虽然本身非常坚硬，但是在冰块里，它们并不能像棉花一样抓紧冰块，在受到敲击时，很容易就裂开了。

变形记

在缤纷多彩的大自然中，只要我们稍加留意，就会发现事物是一直变化的。比如，天空中变换形状的云朵，花盆里会“害羞”的含羞草，田野间随着太阳转动的向日葵……让我们通过一个实验，走进这变化无穷的世界吧！

活动过程

活动项目：醋泡鸡蛋

活动场所：室内

活动时长：3 天

实验准备：一个玻璃杯、一瓶白醋、一枚鸡蛋

实验过程：

第一步：将鸡蛋放进较大的玻璃杯里，加入白醋，白醋的高度要刚好没过鸡蛋。

第二步：观察鸡蛋的变化过程，分时段在观察表中记录观察结果。

观察记录表

	观察时间	鸡蛋的变化	观察感受
做一做 想一想	鸡蛋放入杯中后		
	第二天早晨		
	第三天早晨		
查一查 （原理）			

活动流程：

和父母一起做实验，观察鸡蛋没入白醋后的动态变化过程，可以从形状、颜色、气味、运动、触感等角度观察。

填一填观察记录表，记录下观察时间、结果以及心理感受。

学习目标：

1. 能参与并观察“醋泡鸡蛋”的实验过程，学会从不同角度观察鸡蛋的动态变化。

2. 能进一步思考和查证鸡蛋发生变化的原因。

3. 能使用口头语和书面语表达实验观察所得。

学习项目：

【项目作业一】阅读与鉴赏

相信你已经学会从不同角度观察鸡蛋的变化了吧！在大自然中，有更多奇妙的变化等待我们去发现！接下来，阅读下面两篇材料，一起探索大自然中隐藏的变化吧！

【材料一】

春蚕

文 / 巴金

春天是养蚕的季节。每到这时候，我常常想起母亲来。中华人民共和国成立前，我们家很穷，母亲就靠养蚕换点钱，给我们姐弟俩交学费。

我们家门口有几株桑树。春天一到，桑树刚发出新芽，母亲就照例拿出几张蚕种来。每张蚕种不过一尺见方，上面布满了比芝麻还小的褐色的蚕卵。等桑叶长到榆钱大小的时候，蚕种上便有许多极小极小的蚕在蠕动。蚕的生命就是这样开始的。

母亲微笑着，把这些小生命抖落在小匾里。匾里已经撒了一层剪成细丝的嫩桑叶。这是母亲带着我从桑树上摘来的，擦得干干净净，剪得又细又匀。

蚕一天天地大起来，桑叶也一天天地剪得粗起来。等蚕长到半寸来长的时候，小匾换成大匾，就开始喂整片的桑叶了。每天清晨，姐姐把桑叶采回来，母亲吩咐我洗了手，用毛巾把一片片桑叶擦干，再轻轻地均匀地撒在匾里。

蚕越来越大了，呆在一个匾里太挤了，就分成两个匾，再分成三个匾……匾一个又一个地增加着。母亲带着我和姐姐把隔壁的一间屋子打扫得干干净净，当作养蚕室，把七八个匾都搬了进去。我一觉醒来，常常看见母亲拿着烛台去喂蚕。闪闪的烛光照着她那带着皱纹的慈祥的脸。

推开养蚕室的门，立刻传来一片沙沙的声音，像下雨似的。那是蚕在大口大口地吃桑叶。那些日子，采桑叶的担子就落在父亲的肩上。父亲用很大的桑剪把桑叶连枝剪下来，成捆地背回来。

蚕快“上山”了，母亲一夜要起来两次，累得她腰酸背痛。我和姐姐也常常起来帮忙。母亲把蚕沙大捧大捧地从匾里清出来，姐姐把桑叶大捧大捧地放进匾里。我用簸箕接蚕沙的时候，总看见母亲的额角上渗着汗。

蚕“上山”了。它们被捉到用一束束麦秆扎成的“山”上。几天以后，“山”上结满了白的黄的茧子。母亲一面摘茧子，一面轻轻地对我和姐姐说：“孩子，上学得用功啊！这学费可来得不易呀……”

我抬起头，看见母亲的两鬓又添了一些银丝。

【材料二】

植物的睡眠

你可知道，植物也需要睡眠？

每逢晴朗的夜晚，我们只要细心观察周围的植物，就会发现一些植物已发生了奇妙的变化。公园中常见的合欢树，它的叶子由许多小羽片组合而成，在白天舒展而又平坦，可一到夜幕降临时，那无数小羽片就成对成对地折合关闭，好像被手碰撞过的含羞草叶子，全部合拢起来。这就是植物睡眠的典型现象。

有时候，我们在野外还可以看见一种开着紫色小花、长着三片小叶的红三叶草。它们在白天有阳光时，每个叶柄上的三片小叶都张开着，但到了傍晚，三片小叶就闭合在一起，垂下头来准备睡觉。花生也是一种爱睡觉的植物。它的叶子从傍晚开始便慢慢地向上关闭，表示白天已经过去，它要睡觉了。以上只是一些常见的例子，会睡觉的植物还有很多很多，如白屈菜、含羞草、羊角豆……

不仅植物的叶子有睡眠要求，就连娇柔艳丽的花朵也要睡眠。例如在水面上绽放的睡莲花，每当旭日东升之际，它那美丽的花瓣就慢慢舒展开来，似乎刚从酣睡中苏醒；而当夕阳西下时，它又闭拢花瓣，重新进入睡眠状态。由于它这种“昼醒夜睡”的规律性特别明显，才因此得名“睡莲”。

花的种类不同，其睡眠的姿态也各不相同。蒲公英在入睡时，所有的花瓣都向上竖起来闭合，看上去好像一个黄色的鸡毛帚。胡萝卜的花，则垂下头来，像正在打瞌睡的小老头。更有趣的是，有些植物的花白天睡觉，夜晚开放。如晚香玉的花，不但在晚上盛开，而且格外芳香，以此引诱夜间活动的蛾子来替它传授花粉。

植物睡眠在植物生理学中被称为睡眠运动，它不仅是一种有趣的现象，而且还是一个科学之谜呢！

（本文选自西师大版三年级上册）

分析与理解

1. 获取信息：阅读材料一，看一看描写蚕生长变化的句子，你发现作者是从哪些角度写蚕的生长变化的？

---

2. 形成解释：读材料二，关注画波浪线的句子，和好朋友说一说植物的睡眠运动有哪些有趣之处。

3. 创意运用：在不同季节里，动物也要睡眠，有些动物在睡眠时还会发生一些有意思的现象。请选择一个喜欢的动物，查查课外资料，与家人聊聊它睡眠时发生的变化吧！

★阅读推荐★

绘本《诞生了！独角仙》（［日］小杉美野里／文　［日］新开孝／摄　彭懿／译）

【项目作业二】表达与交流

1. 做实验，从多个角度观察“醋泡鸡蛋”的实验中鸡蛋的变化，写一写，将变化的过程写清楚。

你可以这样来写：

◎实验前，你和爸爸妈妈一起做了什么准备工作？

◎实验中，在不同时间段进行观察时，鸡蛋的哪些变化让你感到新奇？你看到了什么？想到了什么？猜测到了什么？

◎实验后，针对你最感兴趣的变化，你有什么思考？

根据这些问题，可以把实验过程写清楚，还可以写一写自己观察时的心情。请你挑选一个印象最深的片段，写下来。

写完之后，读给爸爸妈妈听一听，看看哪里不通顺还可以改一改。

2. 说一说：将有趣的变化过程介绍给别人，和朋友一起试一试。

【项目作业三】梳理与探究

1. 下面这些常见的事物的变化，你在生活中留意过吗？亲自观察，或者查查资料，了解它们是如何变化的。

图一：睡莲早晚的不同状态

图二：夜来香昼夜的变化

图三：小猫的瞳孔在白天和夜晚的不同状态

图四：海水涨潮和落潮的变化

2. 你还观察到生活中哪些变化着的事物？和家人交流一下吧。

字词补给站

积累下面与“变化”有关的成语。

风云变幻　　变幻莫测　　斗转星移　　沧海桑田

瞬息万变　　目不暇接　　稍纵即逝　　日新月异

昙花一现　　一叶知秋　　千变万化　　白云苍狗

★实验大揭秘★

鸡蛋壳的主要成分是碳酸钙。鸡蛋在醋里泡久了，碳酸钙就会与醋酸发生化学反应，生成醋酸钙，生成的醋酸钙又溶于水，因此鸡蛋壳会逐渐变软。而且，碳酸钙与醋相遇后，还会产生二氧化碳。二氧化碳气泡附于鸡蛋表面，增加了鸡蛋的浮力，所以鸡蛋就会上浮。正是这一化学反应过程，促成了鸡蛋在外形、颜色、气味、运动、触感等方面发生了改变。

柠檬火山爆发

你是否想过柠檬也能“火山爆发”？是的，当柠檬遇上苏打粉，你就会看到“火山爆发”的奇景。一起去探索那奇妙的酸碱奥秘吧！

活动过程

活动项目：柠檬火山爆发

活动场所：室内

活动时长：15 分钟

实验准备：一颗柠檬、一把水果刀、一小瓶食用色素、苏打粉

实验过程：

第一步：将柠檬切成两半。

第二步：在柠檬果肉表面滴入几滴食用色素，覆盖果肉表面。

第三步：继续加入几勺苏打粉，观察柠檬表面的变化。

活动流程：

仔细观察父母做实验，留意柠檬的变化过程。

尝试自己做一做，想一想：为什么柠檬的果肉表面会呈现出“火山爆发”似的变化？

查一查资料，了解背后的酸碱反应原理。

学习目标：

1. 能参与实验并观察“柠檬火山爆发”的过程。
2. 能查证实验背后和酸碱反应有关的科学道理。
3. 能使用书面语和口头语表达实验中的观察所得。

学习项目：

【项目作业一】阅读与鉴赏

你已经知道了吧，这背后隐藏的原理就是酸碱反应。接下来，阅读下面两篇关于酸碱反应的材料吧！

【材料一】

酸和碱

据2002年4月30日《中国环境报》报道，某化工厂排放的污水，使某市一条长约50千米的河水受到严重污染。经环保部门测定，被污染河水的pH值在1～4之间。

咦，pH值是什么？

实际上，pH值就是测量溶液酸碱度的指标。常温状态下，当pH值等于7时，为中性溶液；而当pH值小于7时，则为酸性溶液；pH值大于7时，则为碱性溶液。

在日常生活中，我们经常用到各种各样的酸和碱。例如：食醋中含醋酸，酸牛奶中有乳酸，汽车或摩托车用的蓄电池中有硫酸，它们都属于酸；建筑用到的熟石灰，电器使用的碱性干电池，肥皂含有的碱性成分，它们都属于碱。

而当我们将酸与碱混合时，会发生神奇的酸碱中和反应。人们经常会巧妙地利用这一化学反应，造福生产、生活。比如，农民伯伯会根据土壤情况，利用中和反应，在土壤中加入酸性或碱性物质，用来调节土壤的酸碱性，有利于农作物的生长；工厂也会利用酸性或碱性物质，中和废水中的有害成分，进行污水处理，等等。

【材料二】

7·14 钦州浓硫酸泄漏事故

2017 年 7 月 14 日凌晨 4 时左右，在广西钦州市钦北区大寺镇二级公路往那蒙镇方向 200 米处，一辆满载浓硫酸的槽罐车与一辆小车发生相撞，槽罐车车尾的开门阀被撞坏，导致车上约 28 吨浓硫酸发生泄漏。

据现场处置的消防官兵介绍，接到报警后，6 时 15 分，钦州消防支队派出钦北中队 4 车 18 人、特勤中队 2 车 8 人立即到场处置。

“在现场看到一辆槽罐车停在路边，开门阀损坏，车上的浓硫酸已经泄漏完，浓硫酸在公路泄漏的长度约 500 米，有的流进了路边的水沟，空气中弥漫着刺鼻的味道。”

消防官兵一方面实行交通管制，一方面穿戴好防护装备深入现场，采用强碱石灰对浓硫酸进行化学中和。约 3 个小时，利用了 55 吨石灰对路面的浓硫酸进行处置。

据了解，浓硫酸是一种强酸，具有强烈的腐蚀性，人的皮肤接触到会被灼伤。现场处置的消防官兵介绍，由于处置得当，暂没有人员伤亡。

分析与理解

1. 获取信息：阅读了材料一，你知道，溶液的酸碱度常用 ________ 值来表示。酸和碱发生的反应叫作 __________。

2. 形成解释：阅读了材料二这则新闻，你能和父母说一说为什么消防官兵处置得当吗？他们是用什么方法解决这次危机的？

3. 创意运用：请在父母的帮助下，搜一搜 pH 试纸的用法，尝试用 pH 试纸测一测你感兴趣的溶液（如橙汁、柠檬汁、食醋等）的 pH 值吧！

★阅读推荐★

《会变色的化学书 3 · 酸和碱：隐藏在酸涩味道中的秘密》（［韩］图书出版城佑执笔委员会 / 著　千太阳 / 译）

【项目作业二】表达与交流

1. 在仔细地观察你和家人做“柠檬火山爆发”的实验后写一写，将实验的过程写清楚。

你可以这样来记录：

◎实验前，你和爸爸妈妈进行了什么实验准备？

◎实验中，你们是怎么开展实验的？当加入色素后，柠檬发生了什么变化？再加入小苏打后，产生了什么现象？当看到柠檬“火山爆发”时，你和爸爸妈妈有什么表现？

◎你对这次实验有什么想法和感受？

根据这些问题，把实验过程写清楚，还可以写一写自己当时的心情。写完之后，读给爸爸妈妈听一听，看看哪里不通顺还可以改一改。

2. 说一说：将有趣的实验过程介绍给别人，和朋友一起试一试。

【项目作业三】梳理与探究

1. 结合你的生活经验和科学常识，判断下列生活中常见的物质，哪些是酸性，哪些是碱性。请你连一连，把它们送回家吧。

柠檬酸　食醋　橙汁　酸奶　酸雨　海水　肥皂　漂白剂　牙膏

酸性物质　　　　碱性物质

2. 酸碱中和反应在人们的生活和生产中有着广泛的应用。针对下面的例子，给家人或者同伴讲讲其中的原理吧！

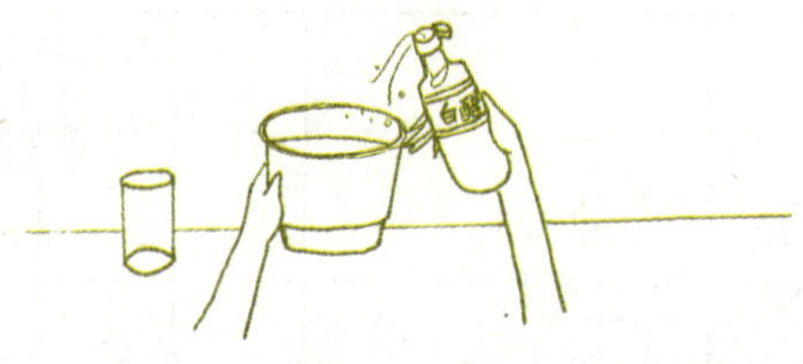

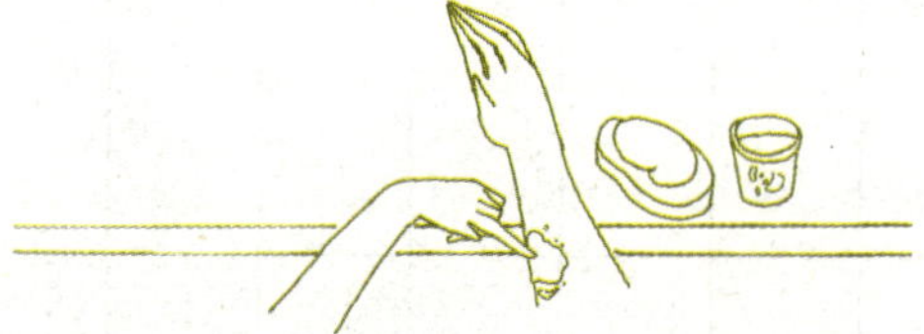

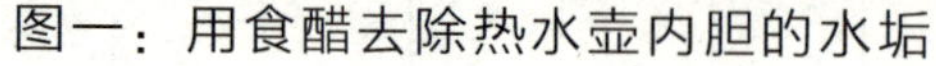

图一：用食醋去除热水壶内胆的水垢　图二：将肥皂水涂抹在蚊虫叮咬处止痒

图三：在土壤中加入熟石灰减轻酸雨危害

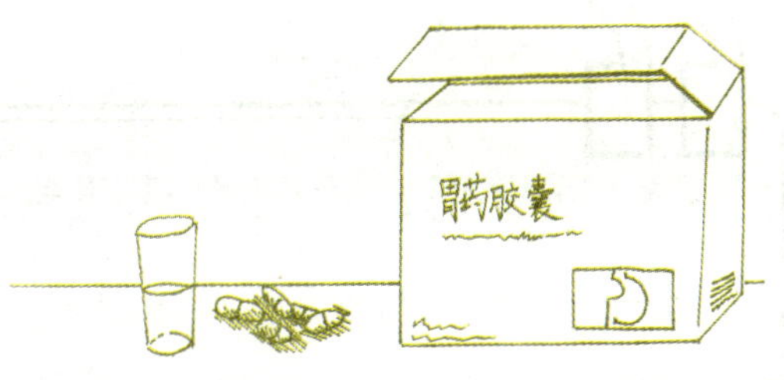

图四：服用胃药中和过多的胃酸

字词补给站

积累以下与“中和”有关的词语与名言吧。

中正　　中庸　　平和　　平衡

缓冲　　和谐　　稳定　　不偏不倚

致中和，天地位焉，万物育焉。

——《礼记·中庸》

礼之用，和为贵。

——《论语·学而》

★实验大揭秘★

柠檬中含有大量酸性物质，而苏打粉的成分是碳酸氢钠，溶于水时会呈现弱碱性。当酸性物质和碱性物质相遇，会发生酸碱中和反应，释放大量二氧化碳，产生大量气泡，就如同火山爆发一样。在这个实验的末尾，你还可以试着加入白醋，“火山”会爆发得更剧烈哦！

会捉迷藏的小苏打

同学们，你们自己调制过饮料吗？可可粉、果汁粉、奶粉……这些粉末进入水中后很快与我们捉起了迷藏，“消失”了，这一过程被科学家们称为“溶解”。溶解是怎样发生的？为什么同样的物质，溶解速度不一样？今天，就让我们通过一个小实验来了解那些和“溶解”有关的秘密吧！

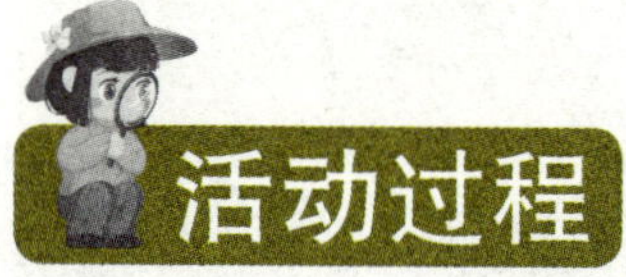

活动项目：小苏打捉迷藏

活动场所：室内

活动时长：15 分钟

实验准备：两个同样大小的烧杯或玻璃杯、一根玻璃棒或筷子、适量的热水和冷水、一包小苏打

实验过程：

第一步：分别向两个烧杯里加入相同体积的热水与冷水，再各加入相同量的小苏打。观察在不同水温下，小苏打在水中的溶解速度有什么不同。

第二步：分别向两个烧杯里加入相同体积的冷水与相同量的小苏打。再用玻璃棒对其中一杯进行搅拌，另外一杯静置。观察搅拌对小苏打在水中的溶解速度有什么影响。

第三步：选择“是”或“否”，在下表中完成对实验猜想的验证。

实验猜想一	温度会影响小苏打在水中的溶解速度	是　否
实验猜想二	搅拌会影响小苏打在水中的溶解速度	是　否

活动流程：

仔细观察实验过程中小苏打的溶解速度。

想一想：影响小苏打溶解速度的因素有哪些？

查一查资料，了解溶解速度对日常生活的影响。

学习过程

学习目标：

1. 能参与并观察“小苏打捉迷藏”的实验过程。

2. 能查证实验中温度和搅拌能影响溶解速度的科学原理。

3. 能使用书面语和口头语表达观察所得。

学习项目：

【项目作业一】阅读与鉴赏

现在你知道了吧，原来“温度”和“搅拌”能影响物质的溶解速度呢！接下来，阅读下面两篇和溶解有关的材料吧。

【材料一】

“溶解”的秘密

科学课上，我们经常听到老师说“这种物质难溶于水，这种则易溶于水……”这其实与物质的“溶解度”相关。溶解度指的是在20℃下每100克水中溶解固体溶质的质量。根据相同溶液内不同固体溶解量的多少，我们可以判定这个固体是“易溶于水”还是“难溶于水”，所以溶解度与“溶多少”相关。

当你把一定量的盐、小苏打等放入水中，你就会发现白色粉末状的盐和小苏打渐渐和水融合在一起，溶液会从透明变得浑浊最后又变成透明的，这就是发生了溶解。而当你把石油、油漆等加入水中时，则很难发生均匀的溶解，甚至会出现分层，这就是“难溶于水”或“不溶于水”。

当溶解发生时，根据溶解速度的快慢，我们还能测算出溶解速率。简单来说，就是“溶多快”的问题。溶解的快慢与温度、物体状态、是否搅拌有关，当水温升高或加速搅拌时，溶解速率就会提高。你可以试试分别在冷水和温水里加入盐，就会发现溶解的快慢发生了变化。如果进行搅拌的话，那溶解速率就能大大提高了。

明白了“溶多少”和“溶多快”的秘密，能帮我们解决生活中的许多问题呢。比如，能帮助科学家调整各种药剂、试剂的配比；能帮妈妈做出咸淡适宜的美食；能帮爸爸冲泡出最可口的茶水；还可以帮助你利用不同颜色的色素和食用油做出好看的“彩虹油”……

细心的你，还发现了“溶解”的什么秘密呢？

【材料二】

融 溶 熔

你知道吗？“融”“溶”与“熔”三个字读音完全相同，但意思却不尽相同。三字虽然都有“化开”的意思，但用法却不一样。

“融”的使用对象常为自然现象及生活用品，如冰、雪等在一定温度下融化，是冰雪融化。它还有调和、和谐、流通的意思，如融合、融洽、融会贯通、金融等。当然，有时它还可以形容深受感动时的心情，比喻幸福像糖一样化开了。比如：妹妹的笑声把我的心都融化了；每年春节，全家人欢聚一堂，其乐融融，这是我们最幸福的事。

“溶”的使用对象通常为化学物质，即一种固体物质在另一种溶剂里化开，如溶液、溶解等。比如，奶粉溶化在温水里，盐溶化在了汤里。“溶”还有水波荡漾的意思。宋朝的曾几就在《过花桥》里写道：“溶溶水拍堤，了了花隔岸。”宋朝的张孝祥也在《菩萨蛮》中写道：“溶溶花月天如水。”指的是月色如同流水一般荡漾，倾泻在万物之上，万物都被温柔的月色给包裹住了。

“熔”指物质受热后断开或者化为液体，使用对象常为金属，即金属受热到一定程度时变成液体，如熔断、熔合、熔炉等。你知道吗？铁在熔炉里加热到1530℃便会熔成铁水。家里大功率电器如果使用过多，造成负载过多，就会造成停电，这是因为保险丝被熔断了，需要请专业的电工来维修和更换了。

看，中国文化源远流长，中国汉字博大精深。聪明的你，可不要弄错了哦！

分析与理解

1. 获取信息：材料一中，告诉了我们“溶解度”与 ________ 相关；“溶解速度”与 ________ 相关。

读完材料二，你会准确运用“融、溶、熔”吗？请在下列句子中的错别字下画横线，并将正确的字改在后边的括号里。

（1）春天到了，冰雪溶化了，小溪潺潺，森林里一片生机勃勃。（　　）

（2）盐能熔于水，而石头不行。（　　）

（3）你猜猜，多高的温度能够融断钢铁。（　　）

2. 形成解释：你还知道哪些音同而义不同的汉字呢？它们分别用在哪些地方？比比谁说得多。

3. 创意运用：你知道“速溶”咖啡给人们带来了什么便利吗？（从溶解速度方面来解释）

____

____

★阅读推荐★

《玩转科学——游戏中的科学和知识》（方怡 / 著）

【项目作业二】表达与交流

在仔细地做完“小苏打捉迷藏”实验后写一写，将实验的过程写清楚。

你可以这样来记录：

◎实验前，你分别准备了哪些物品？你做出了哪些实验猜想？

◎实验中，你的实验步骤是什么？小苏打在热水和冷水中溶解的时间分别是多久？在搅拌的过程中，小苏打发生了什么变化？

◎实验后，你有哪些新的发现？又有什么想法和感受？

根据这些问题，把实验过程写清楚，还可以写一写自己当时的心情。写完之后，读给爸爸妈妈听一听，看看哪里不通顺还可以改一改。

【项目作业三】梳理与探究

1. 请认真思考下列现象，在提高了溶解速度的现象后打“√”。

（1）冲泡药剂或咖啡等饮品的时候，通常采用热水冲泡或搅拌的方法。（　）

（2）熬汤的时候加盐，盐会快速消失。（　）

（3）拌凉菜的时候加盐，通过搅拌加速了盐的溶解。（　）

（4）热豆浆里加入白砂糖会快速溶解，但是凉豆浆里加入白砂糖，需要通过搅拌才能加速白砂糖的溶解。（　）

2. 观察生活中的溶解现象，想一想，提高溶解速率会给我们的生活带来哪些便利。还可以查一查资料，去揭开“溶解”更多的秘密！

字词补给站

一起来积累和“róng”有关的字词吧。

溶解　溶液　月色溶溶　溶溶荡荡

融合　融洽　情景交融　其乐融融

熔炼　熔合　熔于一炉　落日熔金

★实验大揭秘★

通过实验，我们证实了自己的猜想，那就是：温度和搅拌能提高小苏打的溶解速度。其实，溶解速度不仅可以用于小苏打、盐、奶粉、咖啡粉、洗衣粉这样的固体，液体与液体之间也可以发生溶解现象，比如水和醋、酒精和甘油等。

自制焦糖奶茶

寒冷的冬天，想不想来一杯热乎乎的焦糖奶茶呢？你是不是已经要流口水了？今天，我们就自己动手来做一杯焦糖奶茶，快快行动起来吧！

活动过程

活动项目：自制焦糖奶茶

活动场所：室内

活动时长：20分钟

实验准备：两勺白砂糖、少许茶叶、牛奶、半杯温开水

实验过程：

第一步：将少许茶叶和两勺白砂糖放入锅里，开小火不断翻炒。

第二步：炒至白砂糖变成棕褐色黏稠状，加入半杯温开水，继续搅拌。

第三步：水沸腾后倒入一袋牛奶，不断搅拌，牛奶沸腾后，小火熬制5分钟。

第四步：关火，过滤茶叶，香甜可口的焦糖奶茶就做好了。

活动流程：

仔细观察：白砂糖在加热的过程中，颜色、形状发生了哪些变化？

想一想：白砂糖为什么会变色？

查一查资料，验证自己的想法。

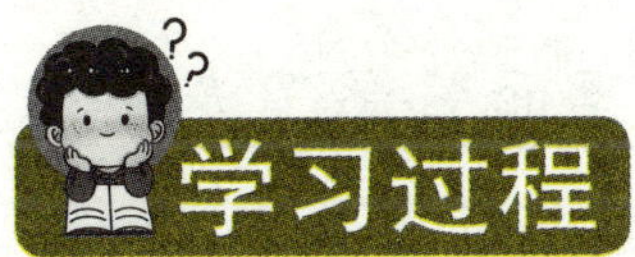

学习过程

学习目标：

1. 能参与并观察“自制焦糖奶茶”的过程。
2. 能够查找、了解焦糖化反应的原理。
3. 能使用书面语和口头语表达观察所得，体会做实验的快乐。

学习项目:

【项目作业一】阅读与鉴赏

同学们，通过实验，我们知道了白砂糖在加热的情况下会变色。其实，无论是白砂糖还是冰糖、红糖等，它们遇热后都会发生变化。人们利用糖的这一变化，还可以制作出各种美食呢！阅读下面两篇材料长知识吧！

【材料一】

戏剧糖果

“拨浪鼓儿风车转，琉璃咯嘣吹糖人。”很多老北京人都听过这句童谣，唱的就是吹糖人的行业。吹糖人属于中国民间手工艺品之一，也有“戏剧糖果”的美称，在我国有着悠久的历史，现在已经成为一种非物质文化遗产。

早年间，吹糖人的小贩们挑着担子走街串巷售卖糖人，总能吸引一群小孩围观。担子挑的是一个长方的木柜，柜子上面是个架子，可以摆放做好的糖人，柜子下面是一个半圆形的木圆笼，里面放着一个小炭炉，炉子上架着一个大勺，里面装满了麦芽糖溶化的糖稀，这可是吹糖人必不可少的材料。

吹糖人可是个技术活儿。第一步是熬糖。熬糖的火很有讲究，必须是暗火，不能烧得太旺。熬成糖稀后，就要溜糖。溜糖时用手指把糖一小块一小块地反复揉捏，保证这一锅糖都软软的。吹糖人时，小贩就挖一小铲热糖稀，双手沾满滑石粉，不断揉搓糖稀，然后用嘴衔住糖的一端，吹起泡后，迅速放在涂有滑石粉的木模内，再用力一吹，等待两分钟，打开木模，糖人就吹好了。最后用苇秆一头蘸点糖稀粘在糖人上，就大功告成了。糖人有各种形状，什么小猴、小狗、金鱼、兔子等。

据说，吹糖人儿的祖师爷是刘伯温。刘伯温可是明朝的宰相，怎么会是吹糖人的祖师爷呢？原来明太祖朱元璋为了自己的皇位能一代代传下去，名义上造“功臣阁”，实则要火烧功臣，以绝后患。刘伯温侥幸逃脱，被一个吹糖人的老人所救，老人和刘伯温互换了衣服。从此，刘伯温隐姓埋名，天天挑着担子走街串巷卖糖人。

在卖糖人的过程中，刘伯温创造性地把糖加热变软后制作各种糖人儿，有小鸡、小狗什么的，很是可爱，小孩子们都抢着购买。一路上，许多人向刘伯温请教吹糖人的方法，刘伯温毫不吝啬，一一教会了他们。于是，这门手艺就一传十、十传百，传到现在有600多年的历史了。

【材料二】

冰糖葫芦

文 / 兰芯

“糖葫芦，卖糖葫芦喽，又酸又甜的冰糖葫芦……”小时候，一听到卖冰糖葫芦的吆喝声，我就再也坐不住了。哪怕没钱买，就看上两眼那红艳艳、亮晶晶的糖葫芦也能解馋似的，所以卖糖葫芦的老人身边围着的那群孩子里总有一个小小的我。

那时的糖葫芦都是走街串巷售卖的。卖糖葫芦的是个老太太，总是笑眯眯的。她扛着一个胳膊粗细的草木棒子，棒子的顶端是用麦秸秆扎成的，外面裹了一层厚塑料布，冰糖葫芦一层层地扎在上面，就像盛开的莲花，给单调的冬天增添了几分喜气。

老太太的糖葫芦做得很好。我们常常买了糖葫芦，就在她的周围一边细细品尝，一边缠着她给我们讲糖葫芦的制作方法。老太太倒也大方，慢慢地讲着："先把买来的山楂洗干净，去了把儿和尾，放在斗笠里沥干水分，再用竹签子一颗颗穿上。大果穿五个，小果就穿七个，不可浪费。接下来呀，得用冰糖和井水熬糖稀，糖水煮开后能拉出丝来，糖稀就熬好了。最后呢，用小勺子把糖稀均匀地浇在山楂上，等糖凝固了，就可以扎在草木棒子上了。"

老人津津有味地讲着，我们意犹未尽地听着……

分析与理解

1. 获取信息：在材料一中写到"吹糖人是个技术活儿"，它的步骤是什么呢？请你填一填。

吹糖人过程：（　　　）——（　　　）——（　　　）

2. 形成解释：糖在烹饪中的用法还有很多，爸爸妈妈做红烧肉时，也会用糖来上糖色呢！你可以用今天学到的知识说一说原理吗？

3. 创意运用：请你根据材料二中的描述，和爸爸妈妈画一画制作冰糖葫芦的过程，如果感兴趣也可以尝试着动手做一做。

★阅读推荐★

绘本《糖果屋历险记》（［印］拉胡尔·库马尔／编著　［印］维杰·辛格／绘　安东尼／译）

【项目作业二】表达与交流

1. 在完成实验后写一写，将实验的过程写清楚。

你可以这样来记录：

◎实验前，你是如何准备材料的，你对接下来的过程有什么期许？

◎试验中，观察糖的变化时，你有什么发现？

◎试验后，喝到自己制作的奶茶，你的心情如何？

根据这些问题，把实验过程写清楚。写完之后，读给爸爸妈妈听一听，看看哪里不通顺还可以改一改。

2. 说一说：将制作焦糖奶茶的方法分享给更多的人，动手为家人做一杯爱心奶茶。

【项目作业三】梳理与探究

1. 同学们，生活中有很多调味品，它们都有着各自的味道和作用，我们一起来说一说吧！

2. 同学们，这些调味品是否还有其他创造性的用法？和爸爸妈妈一起探讨探讨，也可以上网查一查。

字词补给站

积累以下与“甜”有关的成语吧。

甜言蜜语	酸甜苦辣	忆苦思甜	甜嘴蜜舌
甜甜蜜蜜	苦尽甘来	糖舌蜜口	花甜蜜嘴
口蜜腹剑	糖衣炮弹	如糖似蜜	酸甜可口

★实验大揭秘★

同学们，我们平时看到的白糖虽然是颗粒状的，但是它的身体里还有少量的水分。加热后，白砂糖就会发生脱水或降解，变成黏稠状的褐色产物，这种变化就是焦糖化反应。聪明的人们利用焦糖化反应给食品染上好看的颜色，俗称“上糖色”。

飘香的茶叶蛋

你吃过香喷喷的茶叶蛋吗？你仔细观察过它吗？泡在汤水里的茶叶蛋不仅好吃，还有着漂亮的纹路呢！这是为什么呢？让我们一起做个小活动，探寻其中的奥秘吧！

活动过程

活动项目：制作茶叶蛋

活动场所：室内

活动时长：15 分钟

实验准备：一包卤料包、五枚鸡蛋、适量清水、少许茶叶

实验过程：

第一步：在父母的帮助下，将鸡蛋、卤料包和茶叶一起放到锅里，加入清水煮沸。

第二步：在煮的过程中用勺子轻轻敲碎鸡蛋。

第三步：煮熟后捞出鸡蛋，剥蛋壳，吃鸡蛋。

活动流程：

在父母的帮助下，尝试自己做一做茶叶蛋。

煮好后剥开蛋壳，仔细看一看蛋表面的纹路。

比一比：每一颗茶叶蛋的纹路都是一样的吗？

想一想：造成茶叶蛋颜色和花纹不同的原因是什么？

查一查资料，验证你的想法。

学习目标：

1. 能参与并观察“制作茶叶蛋”的活动过程。
2. 能查证实验中与分子运动相关的科学原理。
3. 能使用书面语言表达观察所得，并明白生活中如何交友。

学习项目：

【项目作业一】阅读与鉴赏

你已经知道了吧！每个茶叶蛋的花纹之所以不同，是因为每个鸡蛋的裂缝不同，分子运动渗透程度也不同。接下来，让我们阅读下面两篇关于分子运动的材料吧！

【材料一】

会运动的“分子”

文 / 雨萱

世界上的东西，各色各样，品种繁多。其实，这一切物质都是由分子组成的。

分子有多大？这可没个准儿，分子有大有小，大小相差得很远。像塑料、蛋白质的分子就很大，被称为“高分子”，是分子世界的巨人；而铁、铜的分子却很小，是分子世界的小不点儿。这就像我们生活中每天都要吃的大米，也有大有小，吃起来口感也不一样。

分子可是“运动健将”。你是否注意到放煤的地面、墙面都变成黑的了？这正是煤分子的杰作，所谓“白沙在涅，与之俱黑”。人们说“近朱者赤，近墨者黑”，讲的也是分子擅长运动，会逐渐扩散，影响到周围的环境。

分子运动与我们的生活息息相关。生活中最常见的腌菜，也离不开分子运动呢。制作腌菜时，人们将菜与干辣椒、生姜丝、八角、桂皮等放在一起，撒入五香粉和食盐，放入瓶子中，盖好瓶盖。菜本是无味的，只需要这样腌上几天，就能变得酸甜可口，有滋有味啦。这就是盐、五香粉等佐料分子迅速运动，慢慢扩散，渗透到菜中的功劳。

分子运动无处不在，悄无声息地影响着大家的生活，细心的同学一定能发现它。

【材料二】

与善人居，如入芝兰之室，久而自芳也；与恶人居，如入鲍鱼之肆，久而自臭也。君子必慎交游焉。孔子曰：“无友不如己者。”

——出自《颜氏家训·慕贤》

【译文】

和优秀的人在一起，就像进了放满芝兰等香花的房间，时间久了，自身也沾上了芳香的气味；和恶人在一起，就像进了卖咸鱼的店铺，时间久了自然也染上难闻的气味。品德高尚的人一定要小心交朋友。孔子说：“不要跟不如自己的人交朋友。”

分析与理解

1. 获取信息：读完材料一，请你给分子、高分子、小分子找找家。

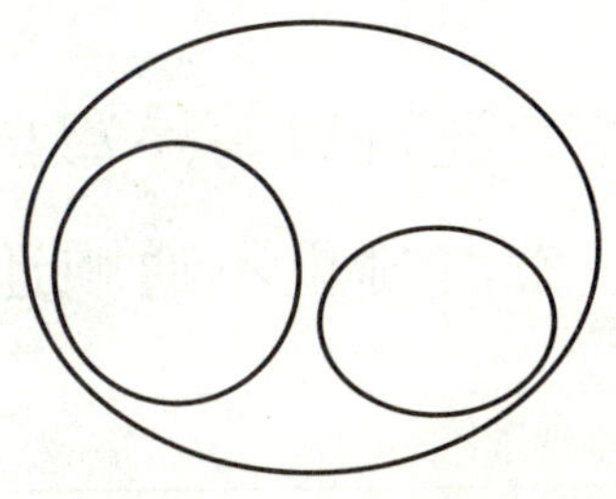

2. 形成解释：你能根据材料试着画出分子运动图吗？

3. 创意运用：小熊经常看一些游戏主播解说的视频，学会了很多不文明用语，身边的同学也纷纷效仿。针对这种情况，老师请你去劝告他们。读了材料二，你会怎样劝说他们？

★阅读推荐★

《世界 100 自然奇观》（纪江红 / 著）

【项目作业二】表达与交流

1. 在仔细观察爸爸妈妈做“茶叶蛋”后写一写，将实验的过程写清楚。

你可以这样来记录：

◎实验前，鸡蛋表面是什么样的？大小和重量如何？

◎实验中，将鸡蛋取出，剥开壳，鸡蛋变成什么颜色？花纹是什么样的？每一颗蛋的花纹都是一样的吗？为什么会有这样的花纹呢？

◎实验后，你有什么想法和感受？

根据这些问题，把实验过程写清楚，还可以写一写自己当时的心情。写完之后，读给父母听一听，看看哪里不通顺还可以改一改。

2. 说一说：将有趣的实验过程介绍给别人，和朋友一起试一试。

【项目作业三】梳理与探究

1. 判断下面图片中，哪些应用了分子运动的原理。

图一：墨水滴清水

图二：水彩笔

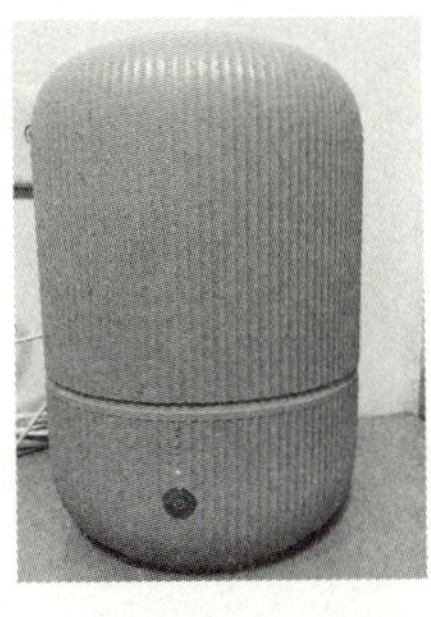

图三：加湿器

图四：喷香水

2. 给你颜料与布，你能运用分子运动的原理制作出什么呢？

3. 想一想：分子运动带给我们的都是好处吗？查阅更多的资料，验证你的观点。

字词补给站

积累下面与“扩散”有关的成语和诗句。

自由泛滥　　滴水不漏　　水泄不通　　臭气熏天

云淡风轻　　浓烟滚滚　　漫天飞雪　　飘香十里

遥知不是雪，为有暗香来。

——［宋］王安石《梅花》

幽兰生谷香生径，方竹满山绿满溪。

——［现代］郭沫若《游武夷山泛舟九曲》

★实验大揭秘★

同学们，茶叶蛋有“花纹”，是因为我们在敲碎每个鸡蛋时，汤汁会通过这些鸡蛋壳的裂缝进入鸡蛋表面，汤汁里的分子不断运动、扩散，进入鸡蛋里，形成的轨迹就是“花纹”啦！

会动的画

你喜欢画画吗？你一定在纸上描绘过你的创意，还可能在沙地里勾画过你的想法，或在家中的墙壁上留下涂鸦……我猜，你肯定没有在水上作过画吧？哈哈，平复一下激动的心情，走进奇妙的科学世界，在水上完成一幅“会动的画”吧！

活动过程

活动项目：水上漂动的画

活动场所：室内

活动时长：15 分钟

实验准备：一个陶瓷盘子、适量温水、不同颜色的水性马克笔若干

实验过程：

第一步：在盘子上用两种颜色的马克笔画出自己喜欢的图案。（你也可以选用更多颜色的马克笔完成创作哟！）

第二步：稍微等待，等图案晾干后，把温水倒入盘子中，用马克笔画出的画就会动起来了。

活动流程：

尝试自己做一做，在盘子上画上图案。

仔细观察，实验过程中，加入温水后图案发生的变化。

查一查资料：能使盘子里的画动起来的物质是什么？

学习过程

学习目标：

1. 能参与实验并观察“水上漂动的画”的实验过程。
2. 能查证实验中与剥离剂相关的科学知识。
3. 能使用书面语和口头语表达实验中的观察所得。

学习项目：

【项目作业一】阅读与鉴赏

你已经知道了吧！能让画动起来的物质叫作“剥离剂”。接下来，阅读下面两篇材料。

【材料一】

“剥离剂”的自述

文 / 文汐

看到我的名字，相信你就会猜：是不是跟分离有关呢？恭喜你！答对了！我的主要作用就是把两种或者两种以上的物质分离开来。我的家族很庞大，有植物油、矿物油、有机硅、高分子蜡等。

我在生活中的应用也比较广泛，比如光盘、烘缸、纸等，都有我的身影。今天主要跟大家介绍我在纸行业中都是怎么剥离的。剥离的纸主要可以分为以下三类：生活用纸、涂布纸、薄型纸。

生活用纸的用量最大。为了达到理想的剥离效果，我常常派出我们家族的“矿物油”或“植物油”做剥离剂，因为它们在生活中比较常见，能有效地剥离。

涂布纸是一类经表面涂布加工的特种纸，这些纸品中，有一些要求表面非常光亮，这个时候就需要我们剥离剂家族中的“有机硅”来帮忙。

薄型纸的品种很多，如茶叶袋纸、口罩纸、装饰纸等，普遍克重较轻。这些纸都较难自动脱离，不过，这对我们家族的“高分子蜡”来说可是小事一桩！只要有它在，就能顺利脱离。

当然，我的运用可不止在纸行业。有兴趣的话，欢迎你多来了解我！

【材料二】

再别康桥

文 / 徐志摩

轻轻的我走了，正如我轻轻的来；
我轻轻的招手，作别西天的云彩。
那河畔的金柳，是夕阳中的新娘；
波光里的艳影，在我的心头荡漾。
软泥上的青荇[①]，油油的在水底招摇[②]；
在康河的柔波里，我甘心做一条水草！
那榆阴下的一潭，不是清泉，是天上虹；
揉碎在浮藻间，沉淀着彩虹似的梦。
寻梦？撑一支长篙[③]，
向青草更青处漫溯[④]；
满载一船星辉，在星辉斑斓里放歌。
但我不能放歌，悄悄是别离的笙箫；
夏虫也为我沉默，沉默是今晚的康桥！
悄悄的我走了，正如我悄悄的来；
我挥一挥衣袖，不带走一片云彩。

【注释】

①青荇（xìng）：多年生草本植物，叶子略呈圆形，浮在水面，根生在水底，花黄色。

②招摇：这里有“逍遥”之意。

③篙：用竹竿或杉木等制成的撑船工具。

④溯：逆着水流的方向走。

分析与理解

1. 获取信息：阅读完材料一，你能试着连一连吗？

涂布纸	用量大
生活用纸	品种多
薄型纸	特种纸

2. 形成解释：反复朗读材料二中的诗歌，品味诗歌借________、________、________、________、________、________、________、________等景物抒发自己对康桥的____________之情。

3. 创意运用：分离是人之常态，惜别是人之常情，《再别康桥》写离别成经典，是朗诵者的心头爱，你不妨也来配乐读一读，可以把音频发到朋友圈内，看看谁的点赞多。还可以把这首诗抄到积累本上。

★阅读推荐★

《游戏中的科学》（[德]汉斯·尤耳根·普雷斯／著　王泰智、沈惠诛／译）

【项目作业二】 表达与交流

1. 在完成实验后写一写，将实验的过程写清楚。

你可以这样来记录：

◎在盘子上画图案的时候，你画了什么？是怎么画的？

◎在加入温水之前，你做了怎样的猜想？你是怎么倒水的？

倒水之后，图案发生了什么变化？你当时的心情如何？

◎爸爸妈妈看到你做的实验后，有什么反应呢？

根据这些问题把实验过程写清楚，写完之后，读给爸爸妈妈听一听，看看哪里不通顺还可以改一改。

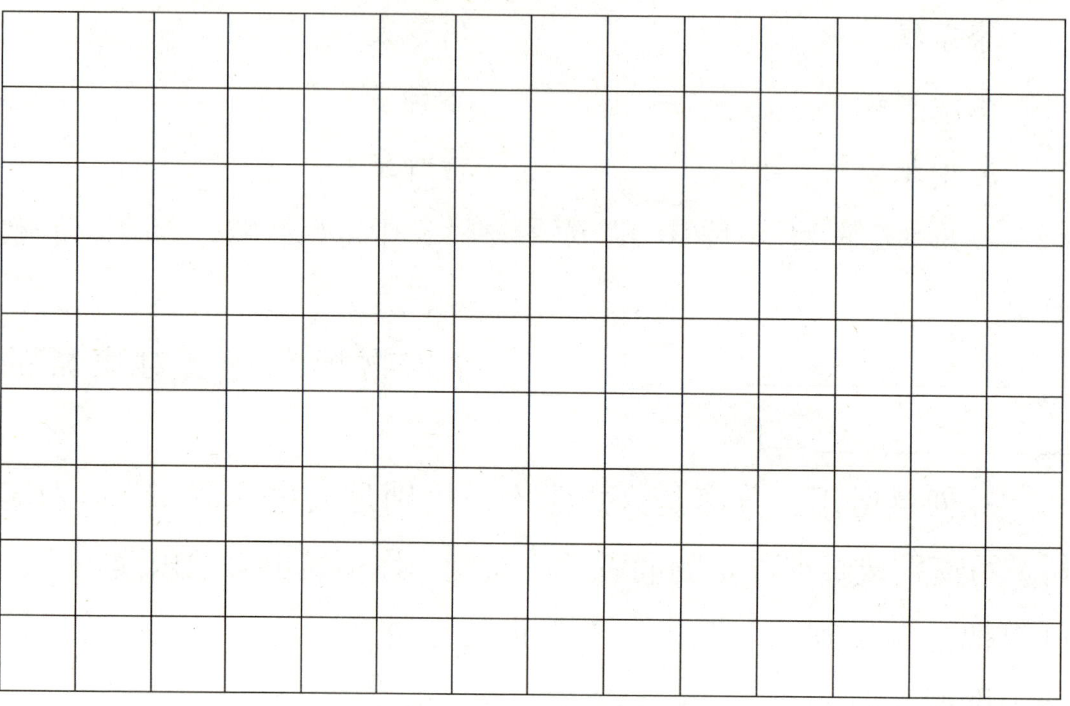

2. 说一说：将实验过程中有趣的现象介绍给别人，和朋友一起试一试。

【项目作业三】梳理与探究

1. 判断下面事物中，哪些运用了剥离剂。

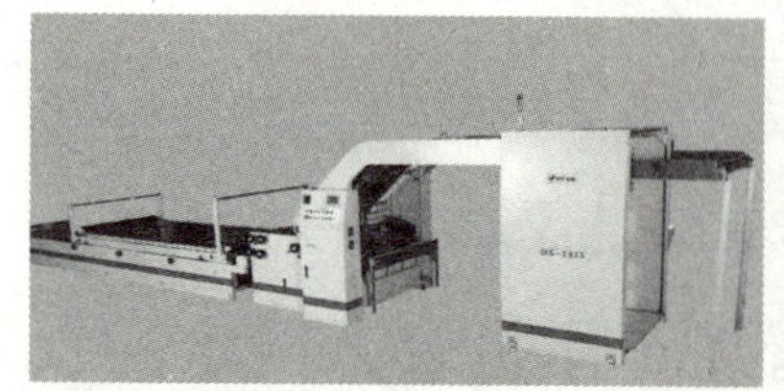

图一：印纸机

图二：发动机

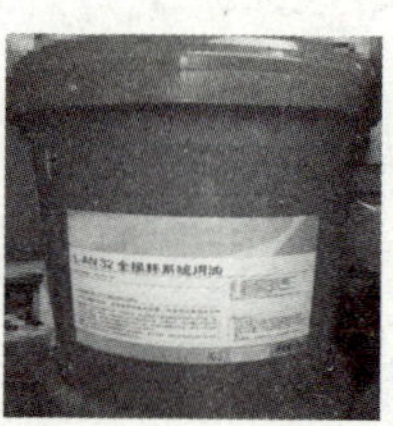

图三：润滑油

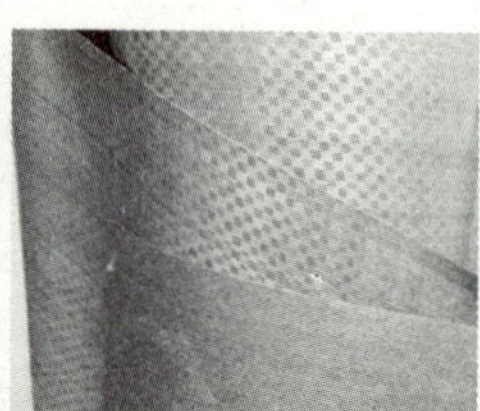

图四：涂布纸

2. 想一想，剥离剂是否给我们带来的都是便利？查阅更多的资料，验证你的观点。

字词补给站

积累下面与“分离”有关的成语和诗词。

四分五裂　　分道扬镳　　各奔东西　　各奔前程

不欢而散　　依依惜别　　依依不舍　　浮华一生

多情自古伤离别，更那堪，冷落清秋节。

——［宋］柳永《雨霖铃》

劝君更尽一杯酒，西出阳关无故人。

——［唐］王维《渭城曲》

★实验大揭秘★

同学们，马克笔中含有一种特殊物质，叫作剥离剂，遇到温水后，剥离剂开始起反应，使得在盘上的这些画都从盘子上“剥离”出来，看起来就像一个个图案在盘子上跳舞呢！怎么样？很神奇吧！偷偷告诉你们哦，剥离剂的应用可不小呢，我们平常书写用的纸里也添加了剥离剂哦！

参考答案

会吐泡泡的菠菜

【项目作业一】阅读与鉴赏

1. 虽然没有嘴和鼻子，但是它们的叶子上有很多叫作“气孔”的小孔，就像我们的“鼻子”，植物就靠它们进行呼吸。

冬天树木就是通过根和茎上的小气孔继续呼吸的。

有意思的是，植物如果处在缺氧的环境里，它不会像动物那样马上停止呼吸，很快死亡，而是能在一定的时间内进行无氧呼吸。

2. 每段的第一句。

3. 地窖加盖密封后空气不流通，而红薯、蔬菜、瓜果仍在呼吸，它们吸收氧气，排出二氧化碳，导致地窖内氧气含量降低，二氧化碳含量大增。此时，如果人进入地窖，会很快窒息。另外，红薯等腐败变质易产生有毒有害气体。所以，需要通风后方可进入地窖。

【项目作业三】梳理与探究

1. 图一：白天，植物进行光合作用，吸入大量的二氧化碳，排放出的氧气是它们夜间吐出的二氧化碳的几十倍。到了夜间，光合作用停止，植物只吸入氧气，排出二氧化碳。黄昏时，森林公园含氧量高，对锻炼有益。

图二：粮食、水果和蔬菜等采集下来以后呼吸活动还在进行，

在贮藏中，一方面要让呼吸继续进行才不会变质；另一方面又要使呼吸尽量减弱，以减少消耗，延长保存时间。真空包装是为了抑制它的呼吸，延长保存的时间。

2. 答案略。

厉害了，长命草

【项目作业一】阅读与鉴赏

1. 第一段“叶子慢慢干枯，根从土壤中挣脱，身体蜷缩，变成一个干草球，然后借风旅行，四处寻找生机。”

2. 答案不唯一，参考示例：

3. 答案不唯一，言之成理即可。示例：材料一是采用了拟人的手法，比较有趣。材料二是科普说明，表达准确、严谨。

【项目作业三】梳理与探究

1. 答案略。

2. 示例：沙漠中种植的耐旱植物，成活率高，在一定程度上防止了沙漠进一步恶化，可有效缓解沙尘暴。南非科学家还从耐旱植物中分离出一系列抗旱基因，培育新型的农作物品种，如能抵御干旱的米和小麦等。

小鱼的魔术

【项目作业一】阅读与鉴赏

1. 材料一中的第一段，从“只见海天相连处，原先的岛屿一时不知都藏到哪儿去了”画到段尾“原先的岛屿又在海上重现出来”。

2. 答案略。

3. 答案略。

【项目作业三】梳理与探究

1. 因为光在水里发生折射，导致眼睛看到的小鱼在水里的位置有些偏差，实际鱼的位置比看到的要偏右偏下。

2. 答案略。

神秘的光家族

【项目作业一】阅读与鉴赏

1. ABC

2. 这句话不对。因为材料二第一句就写到“激光是高科技的产物，是20世纪最伟大的发明之一。最初提出激光应用专利的是高尔登·古德”。

3. 答案不唯一。示例：如果有电光，可以直接在生活中使用，就不需要发电了，既能节约资源，又环保。如果有3D光，就可以将书本里的内容通过光呈现出来。

【项目作业三】梳理与探究

1. 图一是激光笔；图二是激光扫码枪，可识别物品信息；图三是激光打印机，可以打印。

2. 激光笔、激光打印机等是我们生活中常见的设备，在使用时一定要注意安全。比如，不能用激光笔照射小伙伴的眼睛，不要一直盯着激光看，因为这样做有可能会灼伤眼底黄斑，使晶状体受到损害，导致角膜上皮损伤，产生角膜病变、视力下降等不可挽回的伤害。

食盐“钓”冰块

【项目作业一】阅读与鉴赏

1. 海水　夙沙

2. 妈妈，书上说每日吃6克盐，就可以满足我们的身体需求了，不可以多吃，否则对身体有害，您以后炒菜要少放点儿盐哦！

3. 可以在结冰的位置撒上一些食盐，帮助冰块加速融化。

【项目作业三】梳理与探究

1. 白砂糖　冰糖　红糖

2. 我们吃的糖大多数都是从甘蔗里提炼出来的。人们将甘蔗砍下后，运到工厂里洗净后榨成甘蔗汁，再将甘蔗汁放入锅里煮，经过高温熬煮后，甘蔗汁变成了膏状的糖浆，糖浆自然风干就成了红糖。如果把加了糖粉的糖浆放入离心机里，就可以分离出白砂糖了。

有趣的“吸引力”

【项目作业一】阅读与鉴赏

1. N极　S极　相斥　相吸

2. 冰箱门的周围都装有磁条，作用就是能吸合冰箱门，加强密封性，这样就能保持冰箱内的低温啦！

3. 当磁铁静止的时候，指向北方的一端是北极，指向南方的那一端是南极。

【项目作业三】梳理与探究

1. 指南针、磁力玩具、电磁炉是利用了磁铁原理制成的。

2. 电门铃、扬声器、电磁起重机、磁悬浮列车等都与磁铁有关。

3. 身份证、银行卡等不能和磁铁放在一起，容易被消磁。

我是“大力士”

【项目作业一】阅读与鉴赏

1. 杠杆

2. 答案略。

3. 答案略。

【项目作业三】梳理与探究

1. 天平属于等臂杠杆。

2. 老虎钳、扫帚、镊子等。

3. 不能。因为他找不到那么长和坚固的杠杆，也找不到立足点和支点。所以，撬动地球只是阿基米德的一个假想。

彩虹，彩虹，爬上来

【项目作业一】阅读与鉴赏

1. 答案略。

2. 毛细现象。

3. 利用毛细现象，可以找毛线、布头或纸条做过滤器。

如图：

飞吧，孔明灯！

【项目作业一】阅读与鉴赏

1.

2. 答案略。

3. 炒菜时的火加热了空气，热空气受热向上飘浮，因此油烟机安装在炉灶上方更容易将油烟抽出。

【项目作业三】梳理与探究

1. 图一：热气球（ √ ） 图四：孔明灯（ √ ）

2. 答案不唯一。示例：加热空气，使之转换为能量，能使热气球上升，环保且安全，国际航空联合会曾经将热气球列为较安全的飞行器，热气球是人类智慧的结晶。

鸡蛋的“华尔兹”

【项目作业一】阅读与鉴赏

1. 物体保持运动状态不变的属性叫作惯性。

2. 质量越大的物体，惯性越大。大货车质量大，惯性大，运动状态难于改变，所以要与它保持距离。

3. 司机踩急刹车时，身体会不由自主地往前倾斜；司机加速时，身体会不由自主地往后倾斜。车在前进时突然刹车，人因为还保持向前的运动状态，所以会往前倾。加速时身体往后倾斜是同样的道理。

【项目作业二】表达与交流

1. 作文：可以用“先……接着……然后……最后……”这样的句式，把做小实验的经过写得具体些。将实验过程中生、熟鸡蛋各自的旋转轨迹写清楚，最后谈谈实验过程中心理的变化过程和最后猜测结果得以验证的心理感受。

2. 答案略。

【项目作业三】梳理与探究

1. 图中现象都利用了惯性原理。

2. 答案不唯一。示例：开车的时候，不能超速，避免惯性带来危害。在运动和使用劳动工具时可以利用惯性，使事情事半功倍。

倔强的小纽扣

【项目作业一】阅读与鉴赏

1. 不支持燃烧。

2. 没有人动“我”的汽水。汽水变成糖水的原因是，打开饮料瓶时，压力变小，饮料中的二氧化碳变成气态，跑出来了，饮料也就失去汽水特有的清凉，变成糖水。

3. 可依据二氧化碳的性质和作用绘制思维导图，答案略。

【项目作业二】表达与交流

1. 作文：可以用“先……接着……然后……最后……”这样的句式，把做小实验的经过描写具体。实验过程中利用动作词，将纽扣的运动变化写清楚，可以加入一些声音词使语言更有画面感，最后谈谈看到实验变化的感受和想法。

2. 答案略。

【项目作业三】梳理与探究

1. 图中都用到了二氧化碳。

2. 冷藏奶制品、肉类、冷冻食品和其他转运中易腐败的食品；医疗器具、包装材料、衣服、毛皮、被褥等的杀菌；仓库、工厂、文物、书籍的熏蒸等。

比比谁更“硬”

【项目作业一】阅读与鉴赏

1. 示例：

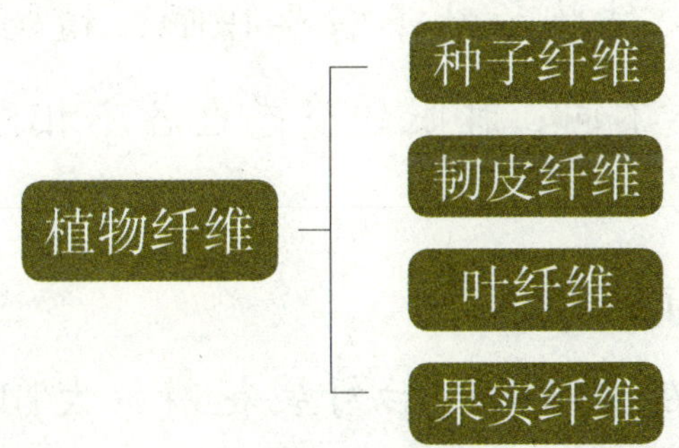

2. 棉花纤维可以纺成线织成布，做成各种舒适好看的衣服，而且它们还是很好的御寒材料，棉籽还可以榨油，棉花的好处可真多！

3. 图略。示例：特殊作用可以有淋不湿、免洗、会根据温度变色等。

【项目作业三】梳理与探究

1. 答案略。

2. 答案不唯一。示例：睡觉盖的棉被就是棉花制成的，它可以帮我们保暖；冬天穿的棉衣、棉裤、棉鞋等也是棉花制成的，它们同样可以帮我们保暖……

3. 棉花传入中国之前，人们穿的是用植物纤维织成的麻布衣服，冬天冷的时候，有的人会往衣服里加入柳絮，但是保暖效果和舒适度都不及棉花。有钱的人还会穿丝绸衣服，北方一些游牧民族的人们会穿兽皮衣服。

变形记

【项目作业一】阅读与鉴赏

1. 大小、颜色、声音、动作等。

2. 答案不唯一。示例：植物的叶子需要睡眠；植物娇柔艳丽的花朵也要睡眠；花的种类不同，睡眠的姿态也各不相同。

3. 答案略。

【项目作业三】梳理与探究

1. 图一：睡莲通常会在太阳升起后舒展花瓣，太阳下山后慢慢闭合。图二：夜来香白天的花朵处于闭合状态，傍晚时分会逐渐开放。图三：猫的瞳孔变化和光照强度有着密切关系。早晨光线充足，猫的瞳孔因为肌肉收缩而呈枣核状，夜间瞳孔放大呈圆形。图四：潮汐与月球引力有关。海水涨潮时波涛滚滚，退潮后却仿佛消失了一般。

2. 答案略。

柠檬火山爆发

【项目作业一】阅读与鉴赏

1. pH　中和反应

2. 消防官兵采用强碱石灰对浓硫酸进行化学中和，减轻了浓硫酸的不良影响。

3. 答案略。

【项目作业三】梳理与探究

1. 酸性物质：柠檬酸　食醋　橙汁　酸奶　酸雨

碱性物质：海水　肥皂　漂白剂　牙膏

2. 可参照实验大揭秘内容解说，答案略。

会捉迷藏的小苏打

【项目作业一】阅读与鉴赏

1. 溶多少；溶多快

（1）溶（融）

（2）熔（溶）

（3）融（熔）

2. 答案略。

3. 答案不唯一，从溶解速度方面来解释即可。示例：速溶咖啡通过特殊的处理使咖啡豆变成了易溶于水的咖啡粉，人们只需要用热水进行冲泡就可以随时享用美味的咖啡，为人们提供了便利，更节省了时间，因此受到大家的喜爱。

【项目作业三】梳理与探究

1.（1）√（2）√（3）√（4）√

2. 答案略。

自制焦糖奶茶

【项目作业一】阅读与鉴赏

1. 熬糖——溜糖——吹糖。

2. 糖在高温加热后，会产生焦糖化反应，这时糖会变成棕褐色，倒入肉后，就能为肉裹上一层好看的颜色啦。

3. 答案略。

【项目作业三】梳理与探究

1. 醋的味道酸酸的，拌凉菜时常常用到醋；酱油有种咸香的味道，炒菜或者拌凉菜时用得比较多；食盐的味道咸咸的，一般的热菜、凉菜、酱菜、咸菜中都会用到它；花椒的味道麻麻的，火锅、麻辣口味的菜里都会放它；鸡精的味道很鲜美，是专门用来给菜肴提鲜的。

2. 白醋还可以当清洁剂，用它擦的眼镜很干净；花椒和梨子搭配能够止咳润肺；食盐还可以当融雪剂……

飘香的茶叶蛋

【项目作业一】阅读与鉴赏

1.

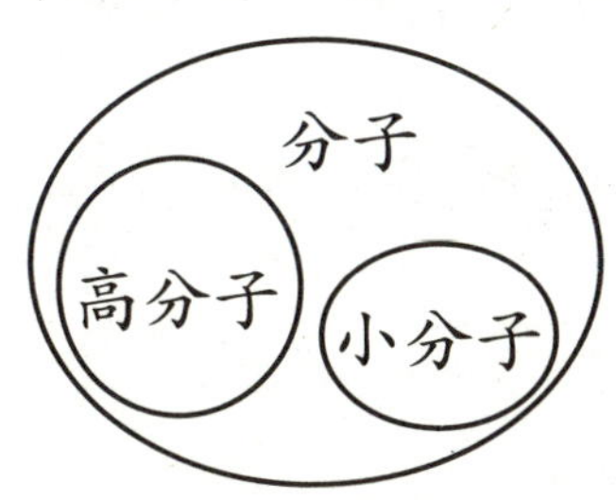

2. 答案不唯一。

3. 答案不唯一，劝说时应用上材料二《颜氏家训·慕贤》中的语句。

【项目作业三】梳理与探究

1. 图一墨水滴清水，图四喷香水。

2. 答案不唯一。示例：可以晕染成各种颜色的手绢。

3. 不，有时分子运动会给我们带来不便，如煤气中毒。

会动的画

【项目作业一】阅读与鉴赏

1. 涂布纸——特种纸；生活用纸——用量大；薄型纸——品种多

涂布纸	用量大
生活用纸	品种多
薄型纸	特种纸

2. 云彩、金柳、夕阳、青荇、柔波、浮藻、星辉、夏虫；依依惜别。

3. 答案略。

【项目作业三】梳理与探究

1. 印纸机、润滑油、涂布纸

2. 否。剥离剂使用量不当，往往不能有效剥离物质，结果造成资源浪费。

跨学科
语文
创意作业3

主　编：何　捷
副主编：谢晓丽
执行主编：吴振芬　殷　霞
插画绘制：吴建华

下册

山东城市出版传媒集团·济南出版社

图书在版编目（CIP）数据

跨学科语文创意作业 . 3 / 何捷主编 . -- 济南 : 济南出版社 , 2022.8

ISBN 978-7-5488-5178-3

Ⅰ . ①跨… Ⅱ . ①何… Ⅲ . ①小学语文课—教学参考资料 Ⅳ . ① G624.203

中国版本图书馆 CIP 数据核字 (2022) 第 139722 号

跨学科语文创意作业 3 下册　　何 捷 主编

出 版 人：田俊林
图书策划：李圣红　董慧慧
责任编辑：董慧慧　陶　静
封面设计：八　牛
插画绘制：吴建华
版式设计：张　倩
内文排版：郭春兰
出版发行：济南出版社
地　　址：济南市二环南路 1 号
邮　　编：250002
印　　刷：济南新先锋彩印有限公司
成品尺寸：185mm × 260mm　16 开
印　　张：18.5
字　　数：213 千
版　　次：2022 年 8 月第 1 版
印　　次：2022 年 10 月第 1 次印刷
书　　号：ISBN 978-7-5488-5178-3
定　　价：45.00 元（上下册）

目录

目录

喜欢淋雨的蚯蚓

暴雨过后，茉茉和妈妈去公园玩，她意外发现了很多蚯蚓在地面上来回散步。咦？这是怎么回事？它们喜欢淋雨吗？还是它们的家被冲毁了？你一定很好奇吧？来，咱们做个小实验了解一下其中的秘密吧。

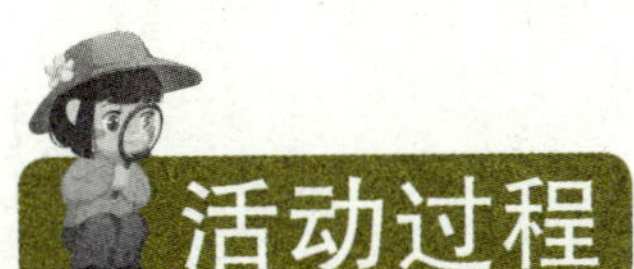

活动过程

活动项目：雨天的蚯蚓

活动场所：室内

活动时长：10 分钟

实验准备：一个装有蚯蚓和泥土的小盆、少量小砂石、一个玻璃杯、适量清水

实验过程：

第一步：将小砂石装到玻璃杯里，半杯即可。再往杯中倒水，直到水将砂石淹没。

第二步：往装有蚯蚓和泥土的小盆中倒水，直到泥土刚好被水淹没。

活动流程：

仔细观察：把水倒入装有小砂石的杯中时，产生了什么现象？

联系上一步观察到的现象，想一想蚯蚓为什么要爬出土壤。

查一查资料，验证一下你的猜测。

学习过程

学习目标：

1. 能参与实验并观察蚯蚓在湿润的泥土中的行为表现。
2. 能探究并了解蚯蚓爬上地面的奥秘。
3. 能使用书面和口头语言表达观察所得。

学习项目：

【项目作业一】阅读与鉴赏

原来，蚯蚓不是喜欢淋雨，而是为了呼吸才出来散步的呀。关于动物的呼吸还有许多有趣的故事，请阅读下面两篇材料。

【材料一】

请叫我蚯蚓大哥

文 / 辰溪　图 / 罗小小

我是蚯蚓，人们也叫我地龙或曲蟮。我是环节动物，身体圆长而柔软。我的体节中有刚毛，在爬行时起固定支撑和辅助运动的作用。我的家在土壤中，我可是宇宙超级无敌宅男。呃，不是生命攸关，一般我从不露面。

虽然我长得不帅，但我很特别。比如，你们只有一个心脏，而我的心脏有1……2……哦，不，我有4个！这不算什么，我的哥哥，最大的那个哥哥竟然有5个心脏。听起来，这是不是很神奇？这是因为我的身体有分节但没有明显地归并，所以我的心脏也随身体前部的若干节分成了若干个。我没有眼睛，也没有耳朵，但这并不影响我感受美好的生活。我对振动非常敏感，当感觉到敌人的行动时，比如说一只鼹鼠在附近挖土，我就会迅速逃往地面。

我生活在潮湿的环境中，以腐败的有机物为食。尽管我的生活环境内充满了大量的微生物，但我极少得病，强大的抗疫免疫系统令人羡慕嫉妒恨啊！不仅如此，惊动宇宙的令人羡慕不已的还有我强大的再生功能。如果我的身体被某个调皮的孩子或哪个钓鱼爱好者分成了两段，呃，这很痛，但是我并不会死亡，我会再长出一个我。啊，让我数数，这样世界上就又多了一个我。但这太残忍，我可不希望遇见这样的事。

我的皮肤嫩嫩滑滑，全是我自己分泌的黏液。空气中的氧气溶解在黏液中，继而渗透到我体壁的微血管里，最后输送到全身，因此，即便我没有专门的呼吸器官，但每天都元气满满。我最怕——晒太阳，阳光会把我的黏液蒸发掉，使得氧气无法溶解渗透，我会被憋死的！

人类给我颁了个“环境进化者”的奖章，金色的，闪闪发光。它就放在我床边，激励我每日辛勤地工作。我在土里不停地穿梭，从这边到那边，从那边又回到这边。所到之处土壤疏松，植物根系发达，玉米啊，油菜呀，还有铃兰姐姐都纷纷为我鼓掌，我觉得我太伟大了。连我排出的便便中都含有丰富的碳、磷、钾等养分，不但不臭，还对植物的生长大有帮助。人类有一本神书叫《本草纲目》，上面说我具有通经活络、活血化瘀、预防和治疗心血管疾病的作用。难道我的本领不仅仅是疏通土壤，还能疏通人体？这也太不可思议了。

好吧，这就是我，了不起的我！

【材料二】

动物的呼吸

呼吸，是指机体与外界环境之间气体交换的过程，机体细胞在进行氧化代谢时，要不断地摄取需要的氧气，同时排出所产生的二氧化碳。在动物界，无论是简单的低等动物还是结构复杂的高等动物，为维持生命活动，都需要呼吸。不同的动物呼吸器官和呼吸方式都有所不同。它们的呼吸是与生活环境和自身的结构特点相适应的。

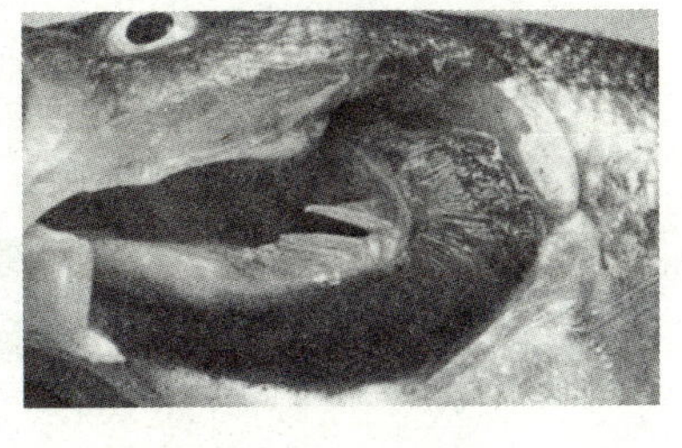

绝大多数动物都生活在有氧气的环境中，进行有氧呼吸，少数营寄生的种类，如蛔虫等，生活于缺氧环境中，只能进行无氧呼吸。

鳃是水生动物的呼吸器官，鳃的表面积很大，上面布满了丰富的毛细血管。当水流过鳃时，水生动物进行气体交换，获取生存的能量。

两栖动物，譬如青蛙，既可以在水中生活，也可以在陆地上爬行，它用肺呼吸，同时用皮肤辅助呼吸。

鸟类的呼吸方式很特别，它们是双重呼吸。气囊是鸟类特有的呼吸器官。吸气时，气体一部分进入肺，在肺内进行气体交换；一部分进入气囊，在气囊内储存。呼气时，气囊内的气体进入肺，在肺内进行气体交换。所以，每呼吸一次，气体两次经过肺，两次在肺内进行气体交换。这样大大提高了气体交换的效率，适于鸟类的飞行。

哺乳类动物的呼吸系统最为完善，呼吸系统由鼻、咽、喉、气管和支气管组成，水生的哺乳动物如白鳍豚、鲸等，虽终生在水中生活，但仍保留了陆生祖先的肺，用肺呼吸。

分析与理解

1. 获取信息：材料一中的小蚯蚓多可爱，蚯蚓有哪些特别之处呢？请在文中用横线画出至少三点你认为蚯蚓很了不起的地方。

2. 形成解释：阅读材料二，什么是呼吸呢？请在文中用波浪线画出来并完成填空。

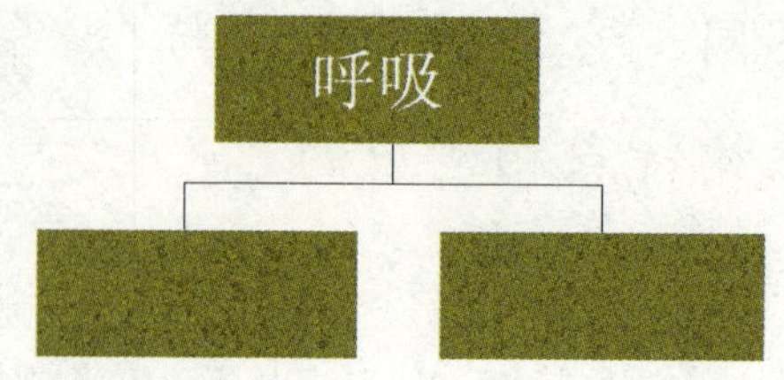

3. 创意运用：你喜欢材料一“自我介绍”的表达方式吗？你能从材料二中选一个你喜欢的小动物，模仿这种方式，用“我的呼吸方式很特别……”做开头，和父母说一小段吗？

★阅读推荐★

《神奇的呼吸》（杜锦湖 / 文　张睿 / 图）

【项目作业二】表达与交流

1. 在仔细观察“雨天的蚯蚓”实验后，写一写，将实验的过程写清楚。

你可以这样来记录：

◎实验前，你做了哪些准备？

◎实验中，你是怎么做的？当你看到装有砂石的杯中冒出气泡时，你有什么推断？蚯蚓爬出泥土时，你觉得意外吗？

◎实验后，你和父母是怎样讨论并查证的？动物的求生行为让你对生命产生了哪些感触？请在下面方格里写下片段。

写完之后，读给父母听一听，看看哪里不通顺还可以改一改。

2. 说一说：将这有趣的实验过程介绍给别人，和朋友一起试一试。

【项目作业三】梳理与探究

寒冷的冬天，很多动物都会冬眠，比如小青蛙、小刺猬，冬眠中它们的呼吸会有变化吗？感兴趣的同学查查资料了解一下吧。

图一：青蛙

图二：刺猬

字词补给站

积累下面与“呼吸”有关的成语。

吸风饮露　吐故纳新　屏气不息　气咽声丝
奄奄一息　一息尚存　屏气凝神　气喘吁吁
喘息未定　吹气如兰　气喘如牛　吸新吐故

★实验大揭秘★

同学们，当我们往杯子里倒水时，水会将砂石或泥土中的空气挤出来，也就是我们看到的气泡。当泥土中的氧气变少直至消失时，蚯蚓需要呼吸，就会爬到泥土表面来。原来，我们的小蚯蚓不是爱淋雨而是为了透气呀。

树叶也会“出汗”吗？

在炎热的夏天或是长时间运动完后我们常常大汗淋漓，如果我告诉你树叶也会“出汗”，你信吗？来，咱们做个小实验，验证一下吧。

活动过程

活动项目：树叶会“出汗”吗？

活动场所：室内

活动时长：约一小时

天气要求：建议晴天的中午

实验准备：两个未使用的保鲜袋、几根小绳子、一杯热水

实验过程：

第一步：将一个保鲜袋套在光秃秃的枝干上，另一个保鲜袋套住植物的枝叶，分别将口子扎紧。

第二步：一小时后，查看两个袋子是否“出汗”。

第三步：将一片叶子放入一杯热水中，观察有什么现象产生。

活动流程：

对比观察两个袋子的内壁产生了什么现象。

取一片新鲜叶子放入热水中，看一看叶片上有什么变化。

结合观察到的结果想一想：叶子为什么会“流汗”？
查一查资料来验证你的推测。

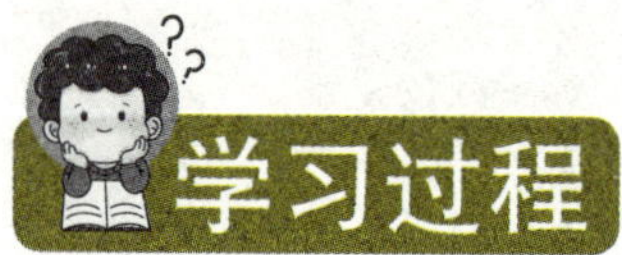

学习过程

学习目标：

1. 能参与实验并观察植物“出汗”的过程。
2. 能探究并了解植物蒸腾作用的科学原理。
3. 能使用书面语和口头语表达实验中的观察所得。

学习项目：

【项目作业一】阅读与鉴赏

原来，植物“出汗”是在进行蒸腾作用啊！请阅读下面两篇材料了解更多关于植物蒸腾的内容吧。

【材料一】

我是一棵会蒸腾的小树

文 / 辰溪　图 / 小茉

我是一棵小树，一生需要喝大量的水，这些水仅有很少一部分供给我生长发育，多余的水去哪里了呢？人类会流汗，流泪……啊，我自然也有自己的方式，蒸腾便是我排水的主要方式。

什么是蒸腾？指水分从我表面以水蒸气的状态散到大气中的过程。这与物理学的蒸发不同，它不仅受外界环境的影响，而且还受我的调节和控制——比如我喝得太饱时会加速蒸腾，缺水时就会减少蒸腾，因此它是一种复杂的生理过程。

从日出到下午两点前后，是我最忙碌的时候，蒸腾作用会随着光照的增强而逐渐增强。下午两点以后，光照逐渐减弱，这时我对水分的需求逐渐减少，我便慢慢关闭小气孔，直到日落后，蒸腾作用降到最低。

同学们，蒸腾作用好比是水分在我体内做了一次旅行，它的路线是这样的：土壤中的水分经由根毛、根内导管、茎内导管、叶内导管行至气孔，最后散发到大气中。水分的蒸发能带走我体内的温度，因此在高温状态下通过蒸腾作用能帮助我降温。瞧，我天生自带空调，厉害吧？蒸腾作用还能促进我对水分和无机盐的吸收与运输，这些都是我生长必需的物质。当我和伙伴们手拉手一起努力蒸腾时，就能为大气提供大量的水蒸气，使当地的空气保持湿润，雨水充沛，降低大气温度，从而调节气候。所以，人们还称我为“天然空气加湿器”。

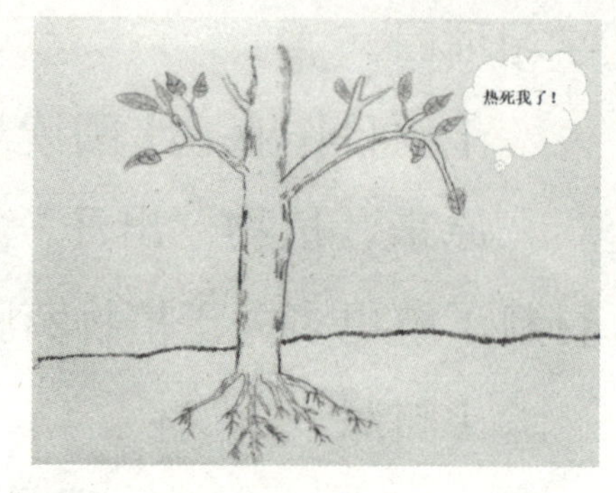

我是一棵会蒸腾的小树，你记住了吗？

【材料二】

大漠求生

文 / 木棉

一个旅行家行至大漠深处，茫茫飞沙，骄阳似火，他随身携带的最后一滴水早已饮尽。他口干舌燥，嘴唇爆出一层层死皮，扯开一道道血红的口子。为了最大限度保持身体水分，他不得不尽量减少呼吸频率。如果再找不到水源，他将走不出这片大漠。

上天似乎对顽强的求生者更为眷顾。他突然望见前方有一丛绿色，欣喜若狂地奔向这些不知名的小植物。旅行家并没有直接嚼食，而是从行囊中取出一个塑料袋，将它套在植物的枝叶上，扎紧出口。大漠的阳光一点一点炙烤着，腕表上的秒针滴答滴答地往前走，吹起了生命接力的号角。旅行家目不转睛地注视着，袋中慢慢变得水汽蒙蒙。

半小时后，他解开袋口，只见袋子内壁布满了一层水珠，晶亮甘甜……

分析与理解

1. 获取信息：阅读材料一，在下图中标出植物进行蒸腾作用时的水分旅行图。

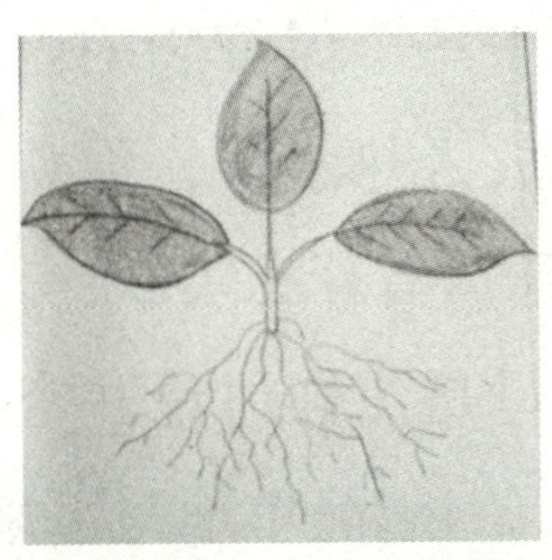

2. 形成解释：为了验证植物的蒸腾作用，小泽同学是像下图中这样做的，该实验有何不妥？

3. 创意运用：阅读材料二后，你知道是植物的什么作用帮助旅行家得到了水吗？你可以预测一下故事的结局吗？和父母说一说。

★阅读推荐★

小视频：秒懂少儿《蒸腾作用是如何影响天气的》

【项目作业二】表达与交流

1. 仔细观察“树叶会‘出汗’吗”这个实验后，写一写，将实验的过程写清楚。

提示：

◎实验前，你做了哪些准备？预测会有怎样的结果？

◎实验中，看到其中一个保鲜袋的内壁上挂满水珠时，你产生了哪些疑问？将叶片放入热水中，你观察到的气泡，又是怎么回事？它和植物的“出汗”有什么关联？

◎实验后，你和父母是怎样讨论并查证的？阅读上面两篇短文，你有何感触？也可以一起简单地写下来。

写完之后，读给父母听一听，看看哪里不通顺还可以改一改。

2. 说一说：将这有趣的实验过程介绍给别人，和朋友一起试一试。

【项目作业三】梳理与探究

1. 尝试根据文中的知识解释图中的生活现象：为什么园林工人在移植树木时要剪掉一部分枝叶？

2. 你知道吗？蒸腾作用除了使植物内部充满水，对人和动物也有帮助。查一查资料，继续探究吧！

字词补给站

积累下面形容“缺水”的词语。

口干舌燥	焦渴难忍	口舌生烟	饥渴难耐
喉焦唇干	口渴难耐	渴骥奔泉	渴而掘井
饥餐渴饮	唇焦口燥	唇焦舌敝	望梅止渴

★实验大揭秘★

同学们，植物从土壤中吸收的水分，从根部沿导管向茎、叶输送，经叶片表面分布的大量微小气孔向空中释放，以水蒸气的形式散发到体外，这是植物的蒸腾作用。树枝被塑料袋套上，散发的水蒸气遇到塑料袋时，由于塑料袋的温度较低，水气便会凝结成小水珠。

我的指纹名片

名片，古已有之，被称作名刺。交换名片，在社交中显得雅美、庄重，是彼此认识最快捷有效的方式之一。每个人都拥有独一无二的名片。不信？伸出双手，制作一份别致的、专属自己的名片吧！

活动项目：用指纹做名片

活动场所：室内

活动时长：15 分钟

实验准备：印泥、几张画纸、各色水彩笔

实验过程：

第一步：将手指按在印泥上，使得指纹能清晰地印在画纸上。（让每个手指都拥有和印台亲密接触的机会哟！）

第二步：根据自己的喜好在纸上按出能代表自己的图案吧！

第三步：用水彩笔进行边框修饰，名片就做好啦！

活动流程：

仔细观察同学做实验时指纹的样子。

尝试自己做一做，然后想一想：大家的名片都一样吗？

查一查资料：指纹为什么是独一无二的？

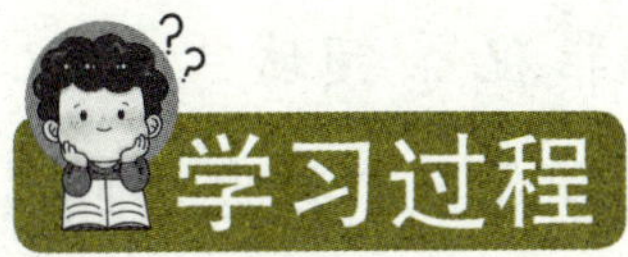

学习过程

学习目标：

1. 能参与并观察“用指纹做名片”的过程。
2. 能了解与指纹有关的科学知识。
3. 能使用书面语和口头语表达制作指纹名片时的观察所得。

学习项目：

【项目作业一】阅读与鉴赏

你已经知道了吧，“名片”的专属之处是因为每个人的指纹都是不同的。接下来，阅读下面两篇相关的材料吧。

【材料一】

独特的指纹

文 / 墨心

提起指纹，相信大家都不陌生。它由长短粗细不一、形状各异的纹线组成，主要分为弓形、箕形、斗形三种基本类型。别看指纹小，但它却具有终身不变、人人不同这两个极重要的特性。

最早认识到指纹这两种特性的，还是我们中国人。很久很久以前，我们的祖先已经懂得凭借指纹来确认身份，他们用有颜色的油漆抹于手指，按压于重要信件的封口作为封条，当记认。

如今，指纹已被广泛用于入境检查、搜查罪犯等领域。罪犯只要在现场留下明显的手印，那就难逃指纹鉴定专家的“火眼金睛”啦。这得益于巴黎警察贝蒂荣的研究，贝蒂荣积累了几千张从犯罪现场找到的和从疑犯身上取得的指纹记录卡片，破获了许多疑难案件，无可争议地成了全世界“罪犯指纹鉴定之父”。

后来，人们继续这一研究，不断充实指纹库，提高指纹鉴定精确度，也让指纹进一步成为指认罪犯的重要证据。

【材料二】

黑猫警长破案

黑猫警长刚刚破了一起森林失窃案件，正要坐下来休息片刻，兔妈妈哭着冲进来，嚷道：“警长，我的孩子不见了！快帮我找找！”

黑猫警长忙问：“怎么回事？”

原来，小兔一家住在森林深处。这天早晨，兔妈妈一大早就去买菜了，临走前给兔宝宝准备了丰盛的早餐，兔宝宝津津有味地吃早饭。等到她回来，家里报警器响着，牛奶也被打翻在地上，小兔却不见踪影。

黑猫警长听了，马上骑着摩托车，载上兔妈妈赶往小兔家。

进屋一看，果然像兔妈妈说的那样。大门敞开着，牛奶洒在地上，其他的东西都没有少。警长四处查看，终于在窗台上发现两个脚印，他仔细辨认，认出了那是狐狸的脚印。警长心想：坏了，肯定是坏狐狸把小兔抓走了。

他连忙转身跑到门口，顾不上兔妈妈的追问，骑上警车飞快地向狐狸家奔去，还没到门口，就听到兔宝宝的惊叫声。

他连忙拔出手枪，向空中放了一枪，叫道："狐狸，快放了小兔！"狐狸一看是黑猫警长到了，吓得腿都软了，把小兔推出家门，立刻关上了门。他想想又不甘心，从窗口探出头来问："警长，你怎么知道是我抓了小兔？我记得一路上没人看见呀！"

黑猫警长哈哈大笑："的确，不是别人告诉我的，是你自己告诉我的。"

"我自己？"狐狸丈二和尚摸不着头脑，"我怎么可能告诉你？"

"没错！"黑猫警长说，"是你的脚印告诉我的。"

"脚印？"狐狸还是不明白。

黑猫警长说："每种动物的脚印都是不一样的！我记得所有动物的脚印。"

狐狸听了，心悦诚服地说："难怪，你真是当之无愧的好警长！

我再也不敢造次了。”

黑猫警长救回了小兔，把小兔送回了家。

兔妈妈搂着小兔，连连向他道谢：“谢谢警长，您真是我们的好警长。”

黑猫警长摆摆手，骑着摩托车向森林更深处去了。

分析与理解

1. 获取信息：阅读材料一，你了解到指纹主要有几种类型？填一填下面的思维导图。

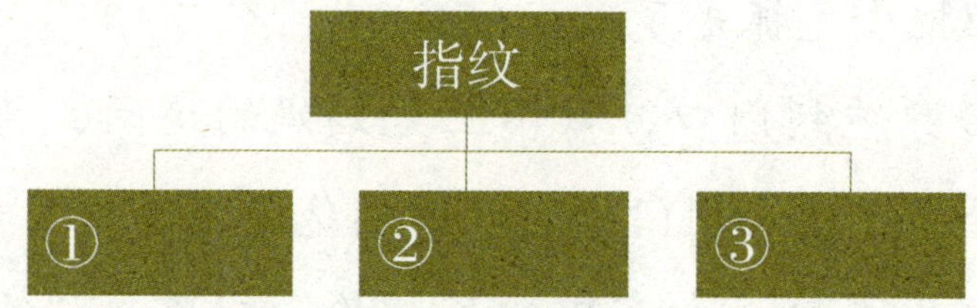

2. 形成解释：阅读完材料二，你知道黑猫警长是凭借什么破案的吗？

____

3. 创意运用：你能用上班级同学的指纹做一个班级的徽标吗？再配上一段文字解说，快来试试吧。

★阅读推荐★

《细胞生命的礼赞》（［美］刘易斯·托马斯/著　苏静静/译）

【项目作业二】表达与交流

1. 在仔细地观察“用指纹做名片”这个实验后，试着做一做，写一写，将实验的过程写清楚。

你可以这样来记录：

◎在使用不同力度蘸印泥按下指纹后，呈现在画纸上的指纹分别是什么样的？

◎在自己用指纹做名片时，你发现自己的指纹和同学的指纹有什么不同吗？

◎做完属于自己的名片后，你觉得为什么大家做出的图案都各不相同呢？这个实验让你感触最深的是什么？

根据这些问题，把实验写清楚，还可以写一写自己当时的心情。写完之后，读给父母听一听，看看哪里不通顺还可以改一改。

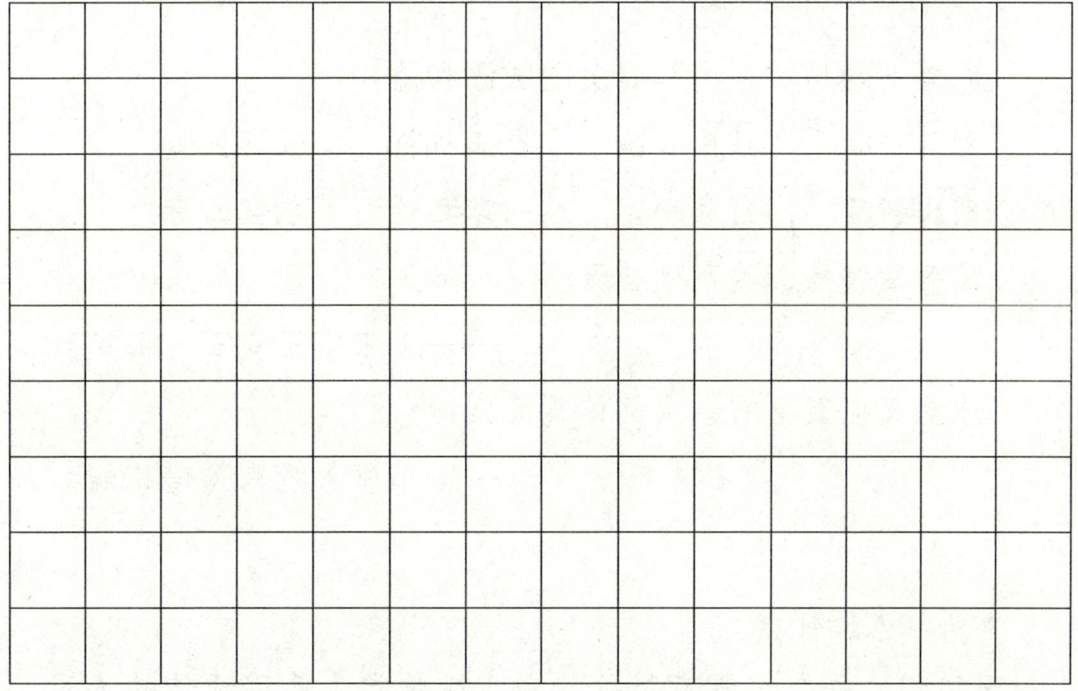

2. 说一说：将实验过程中有趣的现象介绍给别人，和朋友一

起试一试。

【项目作业三】梳理与探究

1. 判断图中的物品，哪些运用了指纹技术。

图一：打卡机

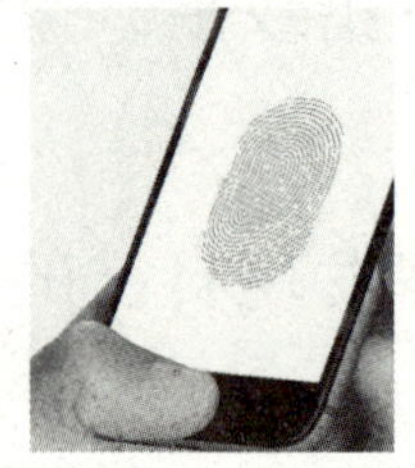
图二：手机指纹识别

图三：指纹密码锁

图四：印章

2. 想一想：指纹在生活中还有哪些应用给我们带来了便利？查阅更多的资料，来验证你的观点。

字词补给站

积累下面与“独特”有关的成语和诗句。

别具一格　　独出心裁　　自出机杼　　独具匠心

别出新意　　自成一家　　一家之论　　翻空出奇

墙角数枝梅，凌寒独自开。

——［宋］王安石《梅花》

此曲只应天上有，人间能得几回闻。

——［唐］杜甫《赠花卿》

★实验大揭秘★

同学们，每个人都有指纹，由于生物学上基因遗传的不同，每个人指纹的样子也是不同的，它能够充分代表一个人，所以在警察叔叔查找证据时，它往往可以成为最有力的追踪线索之一！

“鼻子门”事件

今天，森林里发生了一件奇事。草丛中小小的蝈蝈竟然跟游泳健将鸭子挑战水中憋气，并以绝对的优势赢了。正当蝈蝈在雷鸣般的掌声中迈上领奖台时，羊博士急匆匆地赶来中止了这场颁奖活动。咦？究竟是怎么回事呢？欲知原因，让我们做个小实验来揭秘吧！

活动项目：蝈蝈的鼻子在哪里

活动场所：室内

活动时长：10分钟

实验准备：一只蝈蝈、一个盆、适量清水

实验过程：

第一步：在盆里倒上半盆清水，分别将蝈蝈的头部、尾部浸入水中各保持几分钟。

第二步：将蝈蝈的腹部浸入水中，观察它的反应。注意，反应大了要及时将蝈蝈移出水面。

活动流程：

做一做，对比观察并想象当蝈蝈的头部、尾部、腹部分别浸入水中时，它在想什么，可能说什么。

用关键词填写实验记录单，对比结果想一想，推测这种现象产生的原因。

查一查资料，验证你的推测。

“蝈蝈的鼻子在哪里”实验记录单					
入水部位	入水时长	身体反应	它在想……	它可能在说……	我推测
头部					
尾部					
腹部					

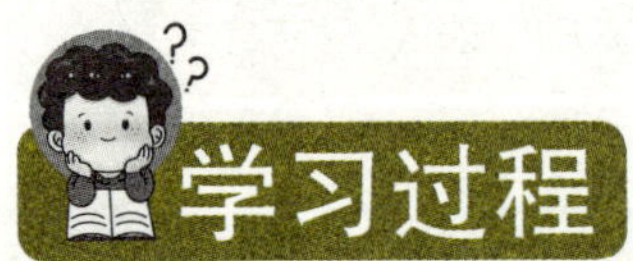

学习目标：

1. 能参与并观察“蝈蝈的鼻子在哪里”实验过程，利用图表记录所见所想。

2. 能探究、查证实验中蝈蝈“鼻子”的奥秘。

3. 能使用书面语和口头语表达观察所得。

学习项目：

【项目作业一】阅读与鉴赏

现在你知道为什么羊博士要中止颁奖了吧？原来蝈蝈的“鼻子”不在头部。世界上的动物各种各样，它们的“鼻子”千奇百怪。请阅读下面两篇材料增长知识吧。

【材料一】

“鼻”字的“前世今生”

“鼻”是一个后起字，最早并没有这个字，它的“前世今生”有着怎样的故事呢？考究起来，还真有意思。

最初造出来指代鼻子的是“自”这个字。“自”的甲骨文字形就是一只鼻子的形状。《说文解字》记载：“自，读若鼻。”这样说来，“自”本义就是指鼻子。

后来，当“自”慢慢引申为自从、自己、自然这些义项之后，人们为了加以区别，又在“自”的下面添加了一个声符“畀”（bì）来表示鼻子。直到这时，“自”和“鼻”才开始分道扬镳，各有各的分工了。不过，人们也仍然没有忘记“自”的本义。直到今天，当人们说到自己的时候，总是用手指着自己的鼻子，这便是文化传承的魅力吧。

“鼻”后来又引申出“第一”“初始”“发端”的意思。于是顺理成章，最早的祖师、创始人就被称为“鼻祖”。比如，我们称木匠的鼻祖是鲁班。

《说文解字》还记载：“今俗以始生子为鼻子。”这句话的意思是，“鼻子”最早的古义指第一个儿子。也就是说，“鼻子”指长子、大儿子。至今陕北方言中还把别人的子女称作“鼻子”。比如说：“这是谁家的鼻子？”

其实，汉字的古今含义有很多变化，我们今天所知道、使用的某个汉字的字义，往往都是经过漫长的时间演变而来的，并非就是它的本义。

【材料二】

奇特的“鼻子”

图 / 罗小小

世界上的动物千奇百怪，各不相同。它们的鼻子除了长得各具特色外，有些特殊功能真是让人意想不到。有的动物的鼻子除了呼吸，还可以捕食、防御，真是有趣。

大象

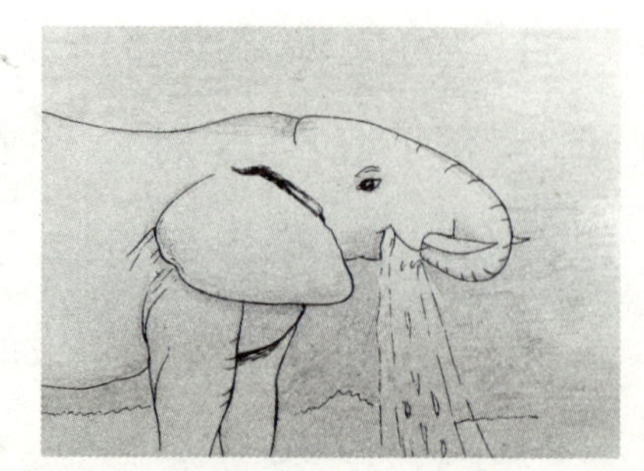

说到动物奇特的鼻子，同学们可能首先想到的就是大象。没错，大象的鼻子是动物中最长的。大象长长的鼻子伸缩自如，可灵活旋转和弯曲，具有人手的功能，还能喷水，真是让人过目不忘。实际上，大象的鼻子是鼻子和上唇的加长体，它由40000多块肌肉组成，上面分布着丰富的神经细胞。鼻子不仅使大象有很好的嗅觉，而且是大象进食和吸收水分的工具，还是自卫的有力武器。谁要是惹火了它，它准会挥舞着它的大鼻子，让你望而生畏。

星鼻鼹鼠

星鼻鼹鼠主要分布在加拿大东部和美国东北部。它为什么叫星鼻鼹鼠呢？因为它的鼻尖周围有21根触角，就像星星的光芒一样。大多数时候，它生活在地下隧道，隧道里黑暗潮湿，对于一般动物来说想要寻找食物是非常困难的。但星鼻鼹可以通过鼻尖的触角在黑暗中找到猎物。看来，它的鼻子是另一双“慧眼”呀。

分析与理解

1. 获取信息：我们的汉字真有趣，材料一的配图中列举了“鼻”的演变，你能尝试着写一写，并把它的故事讲给他人听吗？

2. 创意应用：材料二中列举了两种有趣的动物的鼻子。你能根据短文内容制作一张手抄报吗？

★阅读推荐★

《神奇的嗅觉》（[法]埃马纽埃尔·菲格拉斯/著　[法]克莱尔·德·加斯托德/绘　黄凌霞/译）

【项目作业二】表达与交流

1. 在仔细观察蝈蝈不同部位入水时的反应后，结合记录单写一写，将实验的过程写清楚。

提示：

实验中，你分了几个步骤？可以利用“开始、接着、然后、最后”这样的顺序词把过程写清楚。每个环节蝈蝈的反应如何？你能从它的动作中猜到它在想什么吗？请在下面方格里写下片段。

写完之后，读给爸爸妈妈听一听，看看哪里不通顺还可以改一改。

2. 说一说：将这个有趣的实验过程介绍给别人，和朋友一起试一试。

【项目作业三】梳理与探究

拥有奇特“鼻子”的动物还有很多，感兴趣的话，你可以查阅资料了解更多。

字词补给站

积累下面和“鼻”有关的成语：

仰人鼻息　嗤之以鼻　鼻青脸肿　鹰鼻鹞眼

异香扑鼻　鼻塌嘴歪　掩鼻而过　鼻息如雷

古人这样描写鼻子：

腮凝新荔，鼻腻鹅脂，温柔沉默。

——［清］曹雪芹《红楼梦》

胡腾身是凉州儿，肌肤如玉鼻如锥。

——［唐］李端《胡腾儿》

面作天地玄，鼻有雁门紫。

——［唐］封抱一《歇后》

★实验大揭秘★

同学们，蝈蝈的呼吸是通过遍布体内的气管系统进行的，气管与外界相连的构造称为气门，我们称之为“鼻子”。蝈蝈的气门位于腹部，所以我们将蝈蝈的头部或尾部浸入水中，它安然无恙；但若是将它的腹部浸入水中，它就会窒息。

DIY 人工琥珀

几亿年前的飞虫、树叶纤毫毕现，栩栩如生。这不是传说，而是琥珀。你想不想拥有这样神奇的琥珀？一起来做一做吧！

活动过程

活动项目：DIY 人工琥珀

活动场所：室内

活动时长：20 分钟制作 +30 分钟冷却

实验准备：一块固体松脂、一把打火机、一个石棉网、一个烧杯、一个三脚架、一个鸡蛋壳、一个小且完整的植物或昆虫标本

实验过程：

第一步：把松脂放入烧杯中，点燃酒精灯加热，使杯内松脂熔化。（温馨提示：此步骤一定要在父母陪同下完成。）

第二步：在鸡蛋壳内放入自己喜欢的植物标本或者小昆虫标本。

第三步：把加热成液体的松脂倒入鸡蛋壳中，最好能够盖住植物或者昆虫标本，然后等待鸡蛋壳中的松脂冷却凝固。

活动流程：

实验前，仔细观察松脂没有熔化的样子，再摸一摸凝固的松脂。

松脂熔化了，看一看松脂的状态发生了什么变化，闻一闻松脂的味道。

取出鸡蛋壳中冷却的松脂，用砂纸磨一磨，放在灯光下观察松脂的样子。

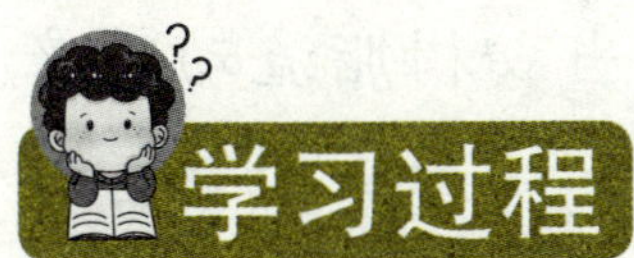

学习目标：

1. 能参与并观察“琥珀”的制作过程。
2. 了解琥珀的形成过程及制作的基本原理。

3. 能使用书面语和口头语表达观察所得，体会制作人工琥珀的快乐。

学习项目：

【项目作业一】阅读与鉴赏

你已经学会了人工琥珀的制作了吧，那么自然界中的琥珀是怎么形成的呢？它有什么神奇之处呢？一起来阅读下面两篇材料增长知识吧！

【材料一】

琥珀的自述

大家好，我是琥珀，人们常说我“历史悠久，珍稀昂贵”。

确实，我们生长过程漫长。很早很早以前，我和弟兄们从松柏树上分泌出来，然后滴落在地上，经过几万年，我们被深埋在地底。昏昏沉沉地不知道又过了几百万年，我的身体渐渐变硬，变得比石块还要硬，数不清多少次海水的冲刷、狂风的搬运，又是泥沙沉积……等到我重见天日，你们便叫我“琥珀”，还夸我是最美丽的宝石。

我们的母亲是松科植物，所以我又被称为“松脂化石”。我们的样子多种多样，外表及内里通常都保留着当初树脂流动时产生的纹路，很多兄弟身体里还带着气泡与我们的老朋友——古老的昆虫或植物碎屑。因此，人们也会根据我们体内的老朋友为我们取不同的名字，例如我叫虫珀，旁边的大哥叫植物珀等。

在中国古代，我们还被奉为佛教七宝之一，人们认为我们有趋吉避凶、镇宅安神的功能。对此，我深感荣幸。《清会典图考》记载："皇帝朝珠杂饰，惟天坛用青金石，地坛用琥珀，日坛用珊瑚，月坛用绿松石。"朝珠是清代朝服上佩戴的珠串，是身份与地位的标志。由此可见，连古代帝王也对我们琥珀青睐有加呢！

【材料二】

神奇的琥珀

文 / 海燕

琥珀是一种树脂化石，也是一种宝石。

琥珀虽然需要漫长的时间才能够形成，但是产地众多。欧洲的波罗的海沿岸国家、亚洲的缅甸和中国、美洲加勒比海岸的国家都盛产琥珀。因此，我们会在珠宝店里看到丰富多样的琥珀。

琥珀品种丰富，按照国际标准，琥珀的分类如下：

蜜蜡：半透明或不透明的琥珀，以黄色调为主。

金珀：金黄色透明的琥珀。

血珀：棕红至红色透明的琥珀。

蓝珀：透视观察为黄色、棕黄色、棕红等，自然光下呈现独特的不同色调的蓝色，紫外光下更明显。

绿珀：整体呈绿色透明的琥珀。

虫珀：包含动物遗体的琥珀。

植物珀：包含植物遗体的琥珀。

但是，自然界形成的琥珀或多或少会有一些瑕疵，所以珠宝大师就需要对这些自然界形成的琥珀进行优化处理。比如：用放大镜观察包含填充物的琥珀，这些填充物多呈下凹状，为了追求完美，珠宝大师会对这些凹状进行注胶填充。除了这样的充填处理，还有水煮、烤色、覆膜、染色等处理方式。经过优化处理后的琥珀更美观，也更经久耐用。

分析与理解

1. 获取信息：阅读材料一，用横线画出琥珀的形成过程。

2. 形成解释：仔细阅读材料二，假如你是珠宝大师，面对一枚纯天然的琥珀，但内部的填充物略凹进去，你会采用什么方法对这块琥珀进行优化？

____

____

3. 创意运用：你能参考这两则材料，试着用“森林、蜜蜂、松树”编一个关于琥珀的童话故事吗？

____

____

★阅读推荐★

《自然珍藏图鉴丛书：宝石》（［英］霍尔／著　猫头鹰出版社／译）

【项目作业二】表达与交流

1. 在完成科学制作后写一写过程。

你可以这样来记录：

◎固体松脂是什么样子的？有什么味道？烧之前你预测它熔化时的样子是怎样的？

◎父母用酒精灯熔化烧杯中的松脂时，花了多长时间？松脂有什么样的变化？你闻到了什么样的气味？你印象最深的是什么？

◎鸡蛋壳中冷却的松脂有什么样的变化？你做成的琥珀样子如何？

根据这些问题，把过程写清楚。写完之后，读给爸爸妈妈听一听，看看哪里不通顺还可以改一改。

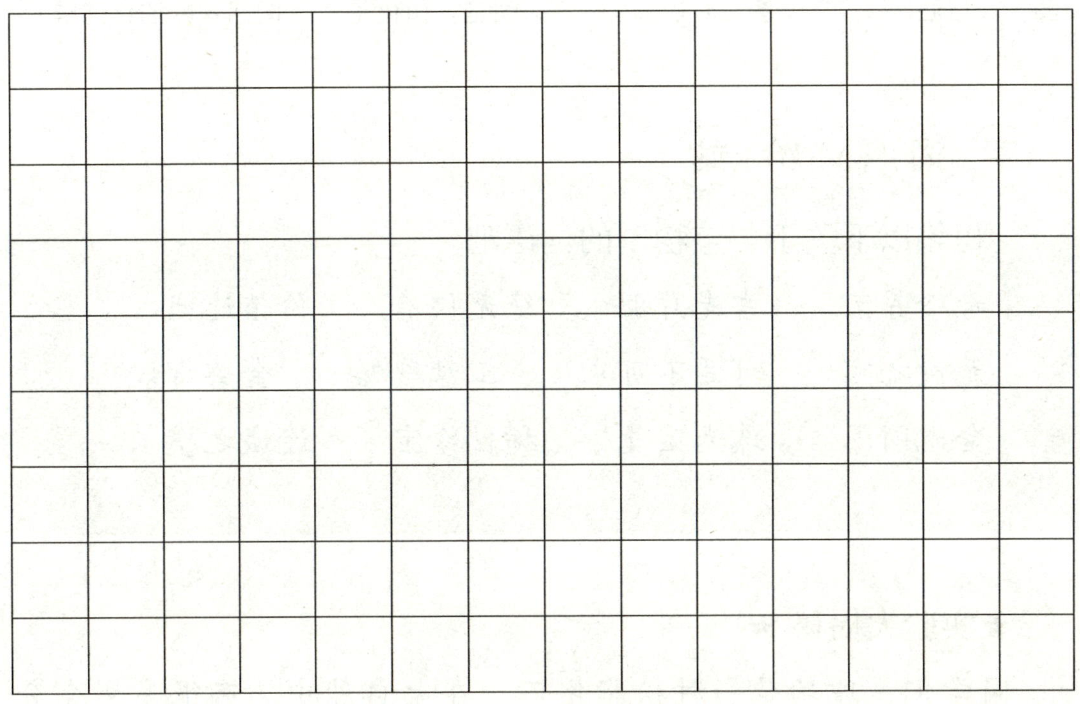

2. 说一说：将制作琥珀的方法介绍给别人，和朋友一起试一试。

【项目作业三】梳理与探究

1. 仔细观察自己制作的琥珀，再查阅更多关于天然琥珀的资料，你能发现天然琥珀和手工琥珀有哪些区别吗？

2. 有一些物质与琥珀的形成过程相似。看一看下面的图片，猜测这些物质是怎样形成的，可以查一查资料来验证你的想法。

图一：石油

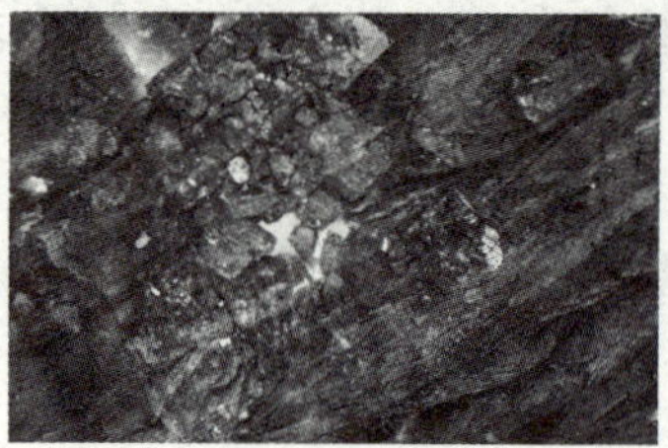
图二：煤炭

图三：树化玉

图四：欧泊化河蚌

字词补给站

积累以下关于“宝物”的词语吧。

奇珍异宝　　吉光片羽　　绝无仅有　　价值连城

无价之宝　　可遇不可求　　玉盘珍馐　　金碧辉煌

金光闪闪　　珠光宝气　　稀世珍宝　　连城之璧

★实验大揭秘★

同学们，琥珀是一种松脂化石。在大自然中，有很多树会分泌出一种胶状物质，就是松脂。松脂很容易熔化和凝固，我们就是根据松脂的这一特点，做出了人工琥珀。

穿过杯子的光

同学们，对于光，你们一定非常熟悉吧。厉害的光，能照到很远很远的地方，那你们知道它是怎么做到的吗？现在，就让我们通过一个小实验，来看看光到底是如何传播的。

活动项目：穿过杯子的光

活动场所：室内

活动时长：15 分钟

实验准备：适量食用小苏打、适量清水、一支激光笔、一个透明玻璃杯

实验过程：

第一步：在透明玻璃杯中加入适量的清水和小苏打，让小苏打在水中充分溶解。

第二步：用激光笔从侧面照射玻璃杯。

活动流程：

尝试着动手做一做实验，观察透过玻璃杯传播出来的光是什么样子的。

想一想：为什么光能透过玻璃杯传播？

查一查资料：除了在水中，光在哪些地方还可以这样传播？

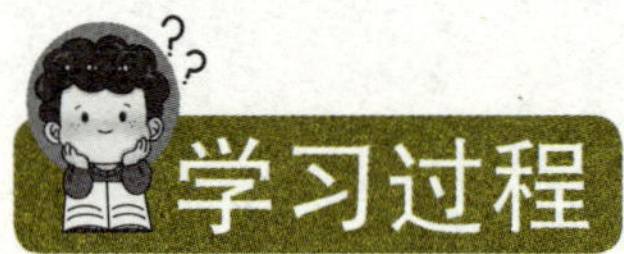

学习过程

学习目标：

1. 能参与并观察“穿过杯子的光”的实验过程。
2. 能查证实验中光是沿直线传播的科学道理。
3. 能使用书面语和口头语表达观察所得。

学习项目：

【项目作业一】阅读与鉴赏

现在，你已经知道了吧，光在水中是沿着直线传播的。接下来，一起来阅读下面两篇关于光沿直线传播的材料吧！

【材料一】

光的认识

光是我们身边最常见的一种自然现象，它跟我们的生活密切相关。只要你认真观察，就会发现在生活中能自己发光的物体有很多很多，比如蜡烛、手电筒、萤火虫等，我们把这些能够自己发光的物体叫作光源。

世界上最大的光源就是太阳。试着想象一下，如果世界上没有阳光，我们就会一直处在黑暗之中，那是一件多么让人害怕的事情！不但我们人类离不开阳光，植物和动物也同样离不开阳光。正是因为有了阳光的照射，我们的地球才不再冷冰冰，而是充满着温暖。

其实，人类对于光的认识经过了漫长而曲折的过程。最早人们发现光不仅能够透过密密层层的树林、厚厚的云层以及每一扇窗户，而且还能传播到很远很远的地方。后来，人们还发现，透过这些物质射到地面的光线形成了射线状的光束，这才意识到，原来光是沿着直线传播的。为了证明这一观点，早在两千四百多年前，我国杰出的科学家墨子和他的学生就做了小孔成像的实验。实验是这样做的：在一间黑暗的小屋朝阳的墙上开一个小孔，找一个人对着小孔站在屋外，然后在屋里相对的墙上就会出现一个倒立的人影。

为什么会出现这种现象呢？墨子解释说："当光透过小孔射出来时，就像射出的箭一样是直线行走的，如果人的头部遮住了上面的光，那么成影就在下边；如果人的脚遮住了下面的光，那么成影就会出现在上边，形成了倒立的影。”这个就是对光沿直线传播的第一次科学的解释。

现在，光的直线传播性质在我们生活中已经得到广泛的应用。细心的同学，你发现了吗？

【材料二】

皮影戏

皮影戏，顾名思义就是用皮革材料制作成戏曲人物，艺人们藏在幕后操纵着这些人物，一边配乐器弹奏，一边还惟妙惟肖地用当地曲调来演唱曲子的一种民间表演形式。

皮影戏又被称为“影子戏”或者“灯影戏”，你们知道是为什么吗？因为皮影戏的表演离不开光。由于光在同种均匀介质中是沿着直线传播的，当光线照射到不透明物体时就会被挡住，于是形成影子。不同形状的物体会形成不同的影子，皮影戏就是利用这个原理来完成表演的。

皮影戏在我国有着悠久的历史，最初的皮影是用厚纸雕刻而成的，后来为了让它更坚固、更透明，就改成用牛皮、驴皮等材料制作。皮影的制作工艺非常复杂，要经过选材、雕刻、上色等八道工序，而且每道工序都极其讲究。但正是因为这些特殊的材质和精细的工艺，才使得皮影人物及道具在光的照耀下，投射到幕布上的影子显得瑰丽而晶莹剔透，极富艺术的美感。在过去没有电影、电视的年代，皮影戏可是十分受欢迎的民间娱乐活动之一。直至今天，皮影戏依然以它独特的魅力，吸引着众多的观众呢。

分析与理解

1. 获取信息：材料一中说道："我们把这些能够自己发光的物体叫作光源"，比如 __________、__________ 、__________ 等。

2. 形成解释：读了材料二，你能和爸爸妈妈说一说影子是如何形成的吗？

3. 创意运用：你能和小伙伴一起用手影做出各种动物的造型吗？还可以尝试着编一场手影剧哦！

★阅读推荐★

《这就是物理》（［美］约瑟夫·米森／文　［美］萨缪·希提／绘　张梦叶／译）

【项目作业二】表达与交流

1. 在完成实验后写一写，将实验的过程写清楚。

你可以这样来记录：

◎实验前，你都做了什么准备？当你把小苏打倒入水中，水发生了什么变化？

◎实验中，把激光笔照射到杯子上，发生了什么现象？你有没有尝试把光照到其他地方？你观察到了什么？实验过程中，你印象最深的是什么？

◎实验后，你有什么想法和感受？当你和父母分享这个实验时，他们有什么看法和说法？

根据这些问题，把实验过程写清楚，写完之后，读给父母听一听，看看哪里不通顺还可以改一改。

2. 说一说：将有趣的实验过程介绍给别人，还可以和朋友一起试一试。

【项目作业三】梳理与探究

观察下面图片中的现象，说一说这些现象能不能说明光是沿直线传播的。查阅更多的资料，来支持你的观点。

图一：射击

图二：影子

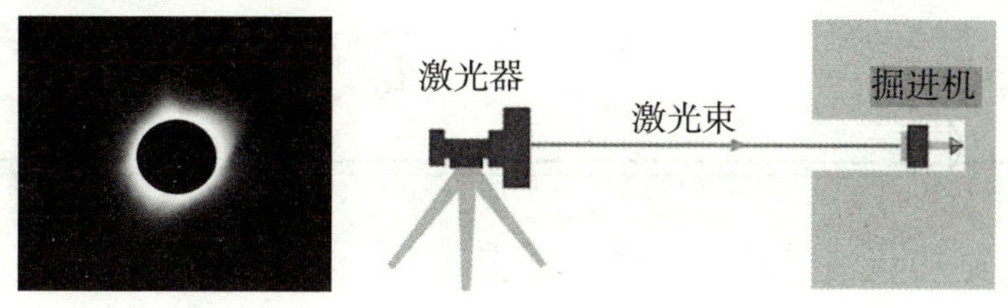

图三：日全食　　图四：激光准直

字词补给站

积累下面与“线”有关的词语。

一线生机	步线行针	断线珍珠	一线希望
断线风筝	飞针走线	草蛇灰线	穿针引线
一针一线	牵线搭桥	无丝有线	脚跟无线

★实验大揭秘★

同学们，自来水本来是无色的，当我们把小苏打倒入水中混合后，水就变成乳白色了。这时，当你用激光笔照射杯子时，就能轻而易举地观察到，原来，激光笔射出来的光是一条笔直的线。实验中用的小苏打还可以换成洗衣粉，因为它们都是实验小助手，可以让水变色，有助于我们观察哦！

破解声音的密码

亲爱的同学们，为什么不同的乐器能发出不同的声音？为什么相同的乐器也会有不同的声音？让我们亲手制作“乐器”，破解声音的密码吧！

活动过程

活动项目：演奏吧，玻璃杯！

活动场所：室内

活动时长：15 分钟

实验准备：八个玻璃杯、一根筷子、适量清水（此实验请家人陪同）

实验过程：

第一步：将八个杯子排成一排，左边第一个是空杯，筷子敲击杯口发出的音高（高低不同的声音）作为高音 do。

第二步：往第二个杯子倒水调音，定出 si 音。依次加水调音，音阶顺序为 la、sol、fa、mi、re 和中音 do。音阶越低，杯中的水就要加得越多。

第三步：调好音阶后，用筷子敲击杯口，弹奏一曲吧！

活动流程：

观察家人做实验，通过改变杯中的水量调出不同的音高。

用筷子敲击杯口，弹奏一曲，想一想不同的音高是怎样形成的。

查一查资料，弄清楚声音的高低和水的多少有什么关系。

学习过程

学习目标：

1. 能参与并观察“演奏吧，玻璃杯！”的实验过程。
2. 能查证实验中的声音高低变化的科学道理。
3. 能使用书面和口头语言表达观察所得。

学习项目：

【项目作业一】阅读与鉴赏

经过弹奏自己制作的乐器，你一定对声音的高低变化有了更深的感受。你想了解更多有关声音的知识吗？一起来阅读下面的材料吧！

【材料一】

钢琴的演变

文 / 王若琳

周末的夜晚，妈妈带着冰宁欣赏了一场音乐会。在众多的乐器中，冰宁对钢琴情有独钟，于是她缠着妈妈想学钢琴。

“你为什么喜欢钢琴呢？”妈妈问道。

“因为钢琴的音域宽广，音色多变，如同一位诗人，时而热烈奔放，时而亲切委婉……表现力很强。”

“你说你喜欢钢琴，那你对它了解多少呢？”妈妈打算考考冰宁。

“钢琴是西洋古典音乐中的一种键盘乐器，它的英文名叫pianoforte，意思是‘弱强’。因为它既能发出强音，又能发出弱音，通过细腻的强、弱来丰富地表达情感。”

冰宁看了看妈妈，又继续说道：“1709 年，意大利的乐器制作师巴尔托洛奥·克里斯托福里在制作古钢琴时安装了以弦槌击弦发音的机械装置，即击弦机，使琴声更富有表现力，音响层次更丰富，并能通过手指触键来直接控制声音的变化。之后，他不断改革击弦机的结构，使击弦速度加快了 10 倍，而且可以快速连续弹奏，音域也增加为4组。他的这一发明为以后的钢琴制作师们打开了通往成功之路的大门。”

妈妈既惊喜又疑惑：她居然不知道女儿什么时候了解了这么多关于钢琴的知识。

冰宁看到妈妈的表情，忍不住有点小得意，也打算考考妈妈：“妈妈，你知道是谁发明的德国第一架钢琴吗？”

“不是你刚才说的那位吗？”妈妈疑惑地说。

“不！1730年，德国管风琴师戈特弗里德·西尔伯曼借鉴克里斯托福里的发明，制造出德国第一架钢琴。可是，音乐大师巴赫鉴定后却认为这架钢琴的触键太重，高音音色太弱。于是，在巴赫的建议下，西尔伯曼对这架钢琴加以革新。同年，巴赫在波茨坦表演时，就弹奏了西尔伯曼的这架新型钢琴。至18世纪中叶，人们对钢琴的制作工艺进行不断革新，使其演奏性能日趋完善。”

“真厉害啊！”这下，妈妈是真心为冰宁感到高兴。

“妈妈，钢琴的音质细腻丰富，气质古典优雅，是音乐王国当之无愧的‘乐器之王’。我想学会它，然后演奏它，以后成为一名‘音乐之王’。”在冰宁小小的眼睛里，妈妈看到了梦想的光彩！

【材料二】

大自然里有许多有趣的声音，它们就是大自然的音乐！让我们一起走进古诗《鸟鸣涧》：

鸟鸣涧

[唐]王维

人闲桂花落，夜静春山空。

月出惊山鸟，时鸣春涧中。

分析与理解

1. 获取信息：读了材料一，你知道“乐器之王”是 ________，它的英文名是 ________，意为 ________。

2. 形成解释：读《鸟鸣涧》，你仿佛看到怎样的画面？听到怎样的声音？

3. 评价鉴赏：如果要给《鸟鸣涧》配一首曲子来朗诵，你会挑选哪一首？挑好了试一试，还可以请父母评一评。

★阅读推荐★

《隐藏在自然中的秘密》（[韩]权秀珍、金成花/著 [韩] Seo-Run /绘 孙羽/译）

【项目作业二】表达与交流

1. 仔细地观察“演奏吧，玻璃杯！”的实验，然后写一写，将实验的过程写清楚。

你可以这样来记录：

◎实验前，家人做了哪些准备？

◎实验中，他们是怎样一点一点不断调整水量形成音阶的？敲击杯口时发出怎样的声音？弹奏出的乐音给你怎样的感受？

◎实验后，你有什么感受和想法呢？

根据这些问题，把实验过程写清楚，还可以挑选你最感兴趣的内容写一写。写完之后，读给家人听一听，看看哪里不通顺还可以改一改。

2. 说一说：将有趣的实验过程介绍给别人，和朋友一起试一试。

【项目作业三】梳理与探究

1. 观察生活中见到的乐器：你知道它们是怎样形成不同的音高的吗？

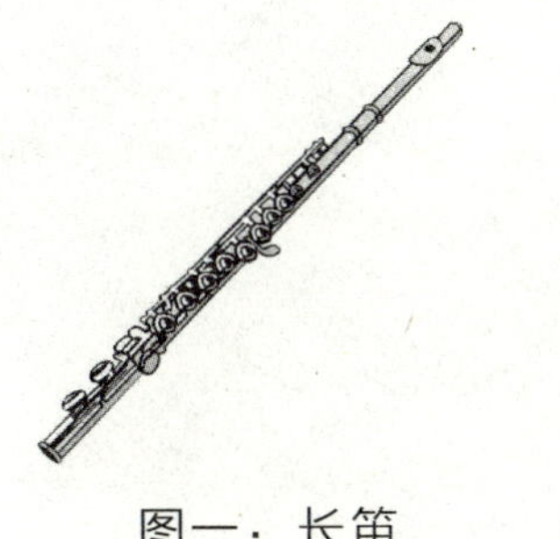
图一：长笛

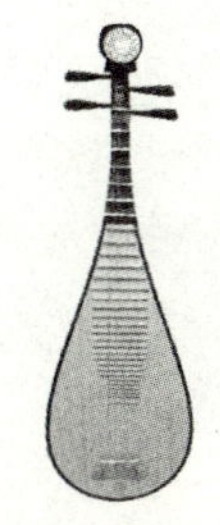
图二：琵琶

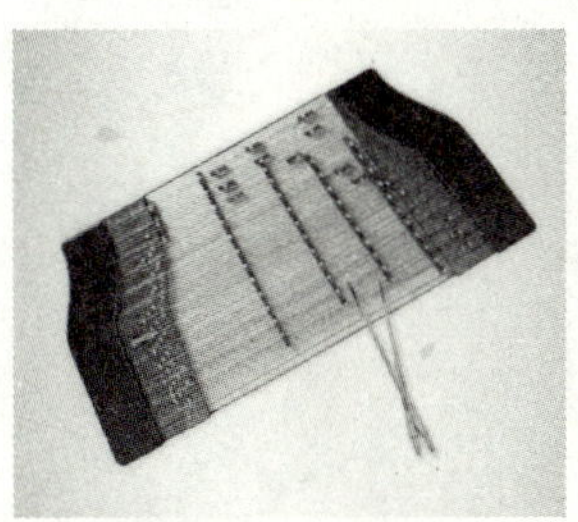
图三：扬琴

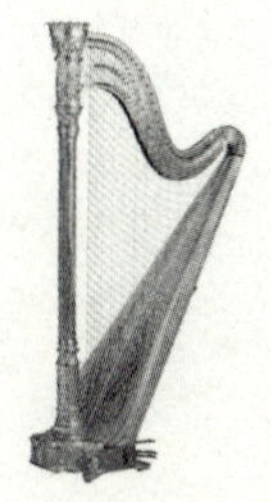
图四：竖琴

2. 声音的密码不止音高这一个，比如，不同的乐器音色不同……和家人一起查阅资料，继续破解声音的奥秘吧！

字词补给站

积累下面与“声音”有关的成语与诗句。

万籁俱寂　　鸦雀无声　　大音希声　　呢喃细语

声如洪钟　　人声鼎沸　　震耳欲聋　　响彻云霄

石楠深叶里，薄暮两三声。

——［唐］白居易《早蝉》

谁家玉笛暗飞声，散入春风满洛城。

——［唐］李白《春夜洛城闻笛》

★实验大揭秘★

音高与物体的质量有关系。质量越大，声音越低；质量越小，声音越高。因此，敲击水最少的杯子发出的声音最高，敲击水最多的杯子发出的声音最低。

空中旅行家

你见过降落伞吗？它可是空中的“旅行家”。关键时刻，它能为飞机上的乘客提供一份安全保障，能为灾区的人们带去物资和生的希望……你想拥有这种神奇的小伞吗？现在，让我们动手做一做吧。

活动过程

活动项目：制作降落伞

活动场所：户外

活动时长：15 分钟

实验准备：一根细绳子、一条手绢、一个拳头大小的沙包

实验过程：

第一步：用细绳系住小手绢的四角，把绳子的另一端绑在拳头大小的沙包上。

第二步：将自制降落伞从高处抛下。

活动流程：

仔细观察父母做实验时降落伞下降时的样子。

尝试自己做一做，然后想一想：是什么让降落伞安全落地？

查一查资料，了解降落伞的原理。

学习目标：

1. 能观察“制作降落伞”实验的具体步骤。
2. 能查证实验中与空气阻力相关的科学道理。
3. 能使用书面语和口头语表达观察所得。

学习项目：

【项目作业一】阅读与鉴赏

你已经知道了吧，降落伞就是利用空气阻力，从空中缓慢向下降落的。接下来，阅读下面两篇关于空气阻力的材料。

【材料一】

降落伞的由来

文 / 墨心

储藏粮食的仓库着火了，舜被困在高高的仓库上，直接跳下去肯定被摔死，不跳又得被火烧死，危急之下，他举着两个大斗笠像鸟一样一跃而下，居然安全落地。那两个大斗笠，或许就是最早的简易降落伞。

元朝时，宫廷里表演了这样一个节目：杂技艺人手拿纸质巨伞，从很高的墙上飞跃而下，艺人飘然落地，安全无恙，这可以说是最早的跳伞实践了。

到了 15 世纪，意大利著名艺术家达·芬奇曾画了一幅降落伞草图，并做了说明。降落伞的制造及使用逐渐成熟起来。

现在的降落伞一般由引导伞、伞衣、伞绳、背带系统、伞包、开伞设备等组成。引导伞用于拉直伞衣、伞绳，使伞衣张开；伞衣用于产生空气阻力；伞绳连接伞衣和背带系统；背带系统用于承受开伞冲击力；伞包用来包装引导伞、伞衣、伞绳；开伞设备用于封锁和打开伞包。

有了降落伞后，人或物品下降的速度就会变慢，下坠的冲击力大大减轻，从而安全着陆。利用降落伞，人们还可以控制下降的方向，保证降落地点的准确性。

【材料二】

有趣的空气阻力

文 / 墨心

记得那年暑假，我们一家人来到了一个赛车俱乐部，准备观看一场赛车比赛。一路上，我兴奋不已，一想到赛车在跑道上飞驰的样子，就觉得很刺激！

比赛开始了，一辆辆赛车风驰电掣，赛车手们做着各种高难度的动作，我的心都提到嗓子眼了，一会儿为这一辆车担心，一会儿又为那一辆车喝彩。这时，爸爸告诉我：“在一级方程式赛车界中有一句话：‘谁控制好空气，谁就能赢得比赛！’”我惊讶地问道：“为什么要控制空气呢？空气飘在空中，看都看不见，还能控制？”

爸爸看着我疑惑的样子，笑着对我说：“可别小看了空气，在时速达 300 千米以上的赛车世界中，空气在很大程度上决定了赛车的速度噢。”听了爸爸的解释，我似懂非懂……

回到家后，我迫不及待地打开电脑搜索“如何控制空气”。噢，原来这跟空气动力学有关呀，看来要控制空气还真的有办法！但它有两个重要的条件：首先，要减少空气阻力，这样才能使车在前进的过程中保持较高的速度。其次，要增加赛车的下压力。空气阻力越小，赛车的速度就越快，下压力越大，赛车在弯道时的速度就越快。

“谁控制好空气，谁就能赢得比赛！”爸爸说得没错！谁掌握更多的科学知识，谁就能赢得成功。

分析与理解

1. 获取信息：读材料一，请你填一填降落伞的发展史。

时间	发展
最早	
元朝	
15 世纪	

2. 形成解释：材料二中，你能和爸爸妈妈说说你对画波浪线的句子的理解吗？

3. 创意运用：依据降落伞的工作原理，你有哪些生活好创意？请简单用文字描述出你的创意。

____

____

★阅读推荐★

《妙想科学》（[英]罗伯特·E.韦尔斯/著　于姝、静博/译）

【项目作业二】表达与交流

1. 仔细地观察爸爸妈妈做“制作降落伞”的实验，然后写一写，将实验的过程写清楚。

你可以这样来记录：

◎实验前，爸爸妈妈做空中降落伞时，都做了什么准备？

◎实验中，爸爸妈妈分了哪些步骤？沙包要怎样绑才不会让降落伞下降太快？手绢的大小会影响降落伞的速度吗？

◎实验后，对于降落伞的制作，你有什么想法和感受呢？

根据这些问题，把实验写清楚，还可以写一写自己当时的心情。写完之后，读给爸爸妈妈听一听，看看哪里不通顺还可以改一改。

2. 说一说：将有趣的实验过程介绍给别人，和朋友一起试一试。

【项目作业三】梳理与探究

1. 判断下面图片中，哪些是根据空气阻力的原理工作的。

图一：飞机

图二：热气球

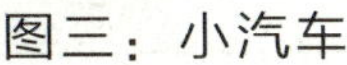

图三：小汽车

图四：风车

2. 想一想，空气阻力给人们生活带来的都是好处吗？我们要如何合理利用空气阻力？查阅更多的资料后，和家里人分享你的看法。

字词补给站

积累下面与“阻力”有关的词句。

碍手碍脚　　曲曲折折　　吐丝自缚　　艰难险阻

关山阻隔　　窒碍难行　　风雨无阻　　步履维艰

雄关漫道真如铁，而今迈步从头越。

——毛泽东《忆秦娥·娄山关》

千磨万击还坚劲，任尔东西南北风。

——［清］郑燮《竹石》

★实验大揭秘★

同学们，降落伞用大大的伞面增加落下来时的空气阻力，从而减小下降时的速度。这样一来，速度不会太快，人们就不容易受伤啦！

捏不碎的鸡蛋

同学们，若将一个生鸡蛋直接握在手心里，能捏碎吗？换作熟鸡蛋呢？让我们来试试吧！

活动项目：捏鸡蛋

活动场所：室内

活动时长：15 分钟

实验准备：生鸡蛋、熟鸡蛋各一个

实验过程：

第一步：将生鸡蛋放在手掌中，握紧并用力捏；换熟鸡蛋进行同样的操作。

第二步：将熟鸡蛋在桌子边缘磕破，再次捏紧。

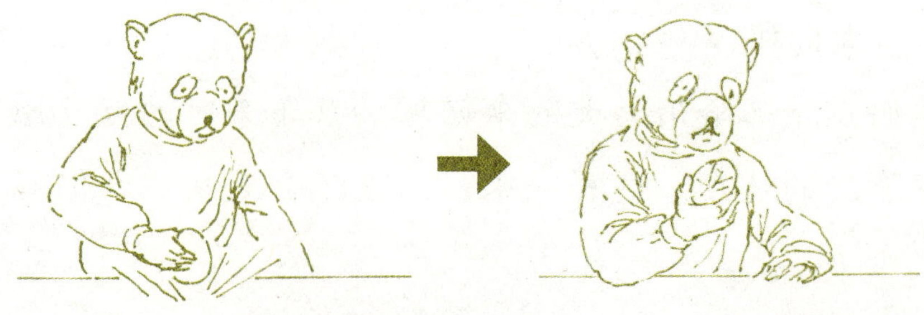

活动流程：

仔细看一看，捏生鸡蛋、熟鸡蛋时，鸡蛋有无变化。

自己做一做，想一想：为什么磕破的鸡蛋能捏碎？

查一查资料：弄清楚能把鸡蛋捏碎的原理是什么。

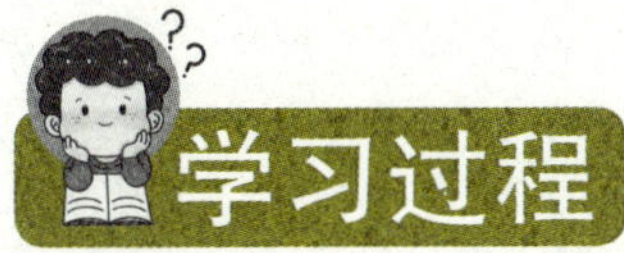

学习过程

学习目标：

1. 能参与并观察“捏鸡蛋”的实验过程。
2. 能查证实验中与压力的分散有关的科学原理。
3. 能使用书面语和口头语表达观察所得。

学习项目：

【项目作业一】阅读与鉴赏

你已经知道了吧，鸡蛋捏不碎的原理是鸡蛋表面受到的压力被均匀分散了。接下来，让我们阅读下面两篇关于“力”的材料吧！

【材料一】

苹果为何掉落

文 / 墨心

一天，牛顿坐在果园里，“咚”的一声，一只苹果落下来，滚到草地上。牛顿吓了一跳，而后又疑惑起来：苹果为什么会掉到地上，而不是向天上飞呢？

为了解开疑惑，牛顿每天都坐在苹果树下观察。苹果落地的原因还没思考出结果，这位年轻的科学家却又有了一个新问题：苹果会落地，而月球却不会掉落到地球上。苹果和月亮之间存在什么不同呢？

这一天早晨，天气晴朗，牛顿仍旧坐在苹果树下沉思。他的小外甥在旁边玩着小球。只见那孩子手上拴着一条皮筋，皮筋的另一端系着小球。他先慢慢地左右摇晃小球，然后越来越快，最后将小球径直抛出去。

看着飞出去的小球，牛顿心想：有两种力量作用于小球，分别是向外的推动力和皮筋的拉力……突然，他灵光一闪，月球的运动和小球的运动会不会相同呢？也许，有两种力量作用于月球，即月球运行的推动力和某种拉力，所以月球不会掉落。而苹果却没有这两种力相互作用，因此会掉落下来。

后来，牛顿又深入地对苹果落地进行了研究，发现让苹果落地的真正原因是它自身的重量，从而发现了“万有引力”。

【材料二】

谁是“压力分散”小助手

文 / 唯汐

大家好，我是“压力”。最近我很苦恼：我总是在不经意间伤害到身边的好朋友。这可不是我的初心，为了将自己的力量分散开来，能和身边的朋友愉快地玩耍，我来到了图形王国。

三角形弟弟第一个跳出来，热情地对我说：“我可以帮助你，大家都说我很稳定，相信我一定可以帮你把力分散掉！”我高兴得一蹦三尺高，迫不及待地抱住三角形弟弟，请求他帮助自己。三角形弟弟分散的力不平均，有些地方很重，有些地方很轻。我们在一起没走几步，就摔得七荤八素，三角形弟弟的一个角都折了，看着他疼得龇牙咧嘴，我惭愧极了。

“唉，看来我是没办法跟大家当好朋友了，我总是伤害大家。”我懊恼地揪着自己的头发，沮丧地对朋友们说。

长方形、菱形、不规则图形听了，纷纷上前帮助我，可惜都失败了。我灰心极了，简直要哭出来。

就在这时，圆形哥哥来了，他摸着我的头说：“没关系，我可以帮助你，我的体型匀称，相信一定可以帮助你平均分散力的，我们试试吧！”

“真的吗？”我半信半疑。

“当然！来吧！”圆形哥哥慢慢靠近我。我觉得身上的力量一点一点被抽离，身体越来越轻松。圆形哥哥每一个点上都分担了极少量的压力，只见他得心应手地弹跳着，那么刚劲有力。看来，他就是我的好助手，我终于不用担心会伤害好朋友了！

分析与理解

1. 获取信息：读了材料一，你明白苹果落地的原因了吗？请你用笔在文中圈一圈。

2. 形成解释：你能根据材料二，说说圆形为什么能把“压力”平均分散吗？

3. 创意运用：结合两篇材料，做一次科普讲解员，跟爸爸妈妈说说你知道的“力”。

★阅读推荐★

《趣味物理学》（［俄］雅科夫·伊西达、洛维奇·别莱利曼／著　赵丽慧／译）

【项目作业二】表达与交流

1. 在自己尝试做“捏鸡蛋”的实验后写一写，将实验的过程写清楚。

你可以这样来记录：

◎活动前，准备好生、熟两种鸡蛋，观察它们有什么不同。

◎活动中，用手捏生鸡蛋与熟鸡蛋，鸡蛋形态有什么变化呢？磕碎后，再次捏，鸡蛋形态如何？你用的力度如何？仔细对比，针对不同的结果，你产生了哪些想法？

◎活动后，针对这一实验，你查证了哪些资料？又有何收获？

根据这些问题，把活动过程写清楚，还可以写一写自己当时的心情。写完之后，读给父母听一听，看看哪里不通顺还可以改一改。

2. 说一说：将有趣的实验过程介绍给别人，和朋友一起试一试。

【项目作业三】梳理与探究

1. 认真观察生活中的现象，说说压力分散能为我们的生活带来哪些好处。（下图供参考）

图一：搭帐篷

图二：自行车座椅

2. 想一想，如果地球上失去重力，会出现哪些情况？查阅更多的资料，来验证你的观点。

字词补给站

积累下面与“均匀”有关的成语和诗句。

平分秋色　　势均力敌　　一分为二　　利益均沾

功均天地　　不相上下　　半斤八两　　旗鼓相当

大夫不均，我从事独贤。

——《诗经·北山》

白云堂前春解舞，东风卷得均匀。

——［清］曹雪芹《红楼梦》

★实验大揭秘★

捏鸡蛋时，手的力量会平均分散到鸡蛋的各个部位，并且鸡蛋还会把手指所做的力传到掌心而抵消掉，这样它表面所承受的压力，都是相等的小力量，蛋壳就不会破裂了。而鸡蛋磕破了以后，受到的力不均匀了，所以鸡蛋壳就破了。

化皱为平

同学们，你们都见过妈妈熨衣服吗？熨斗一过，皱巴巴的衣服立刻平整如新，这是为什么呢？让我们一起做个小实验，探寻其中的奥秘吧！

活动过程

活动项目：水瓶熨衣服（此试验需由父母完成）

活动场所：室内

活动时长：15 分钟

实验准备：一个材质比较厚的玻璃瓶（耐高温）、一壶刚烧开的水、一个喷水瓶、一件薄衬衫

实验过程：

第一步：父母在材质比较厚的玻璃瓶中倒入刚烧开的水，拧紧瓶盖。

第二步：将衬衫在桌子上铺平，用喷水壶打湿衬衫，用灌入热水的瓶子熨烫衬衫。

活动流程：

仔细看一看：父母在熨烫衣服时，衣服发生了什么变化？

在父母的陪同下，尝试自己也做一做，然后想一想：为什么热水瓶能熨平衣服？

查一查资料，了解熨衣服的原理是什么。

学习过程

学习目标：

1. 能观察“水瓶熨衣服”的实验过程。
2. 能查证实验中与热力学相关的科学道理。
3. 能使用书面语和口头语表达观察所得。

学习项目：

【项目作业一】阅读与鉴赏

你已经知道了吧，熨衣服的工作原理是通过高温使衣服上的水蒸气蒸发，从而熨平衣服，主要与热力学有关。接下来，让我们阅读下面两篇材料吧。

【材料一】

神奇的能量转化

古人早就学会了取火和用火，利用火，人们可以把生的食物变熟，并且让火带给自己温暖。

后来，科学家们发现，温度升高带来的热量，还可以转换成其他的能量，帮助我们改善生活。

正在工作的冰箱，背部摸起来很烫，因为此时的电能已经在悄悄转化成热能了。使用电饭锅煮饭，同样也是通过“电能转化成热能”的原理，我们将盛好食物的内锅放到发热板上，使其底部与发热板中心贴合，电能转化成热能，米饭变熟。此外，太阳能热水器、太阳能汽车，则是把光能转换为电能，既方便又环保。

火车上的内燃机是将燃料和空气混合，在汽缸内燃烧，释放出的热能使汽缸内产生高温高压的燃气，燃气膨胀后产生的能量可以让机械工作。

人类对于“能量转化”的发现，大大解决了能源浪费问题，也让我们的生活处处“温暖”，充满热能。

【材料二】

盘古开天地

传说太古时候，天地不分，整个宇宙像个大鸡蛋，里面混沌一团，漆黑一片，分不清上下左右、东南西北。但鸡蛋中孕育着一个伟大的英雄，就是盘古。盘古在鸡蛋中足足孕育了一万八千年，有一天，他终于从沉睡中醒来了。他睁开眼睛，只觉得黑乎乎的一片，浑身酷热难当，简直透不过气来。他想站起来，但鸡蛋壳紧紧地包着他的身体，连舒展一下手脚也办不到。盘古发起怒来，随手抓起一把大斧，用力一挥，只听一声巨响，震耳欲聋，大鸡蛋骤然破裂，其中轻而清的东西向上不断飘升，变成了天，另一些重而浊的东西，渐渐下沉，变成了大地。

盘古开辟了天地，高兴极了，但他害怕天地重新合拢在一块，就用头顶着天，用脚踏住地，显起神通，一日九变。他每天增高一丈，天也随之升高一丈，地也随之增厚一丈。这样过了一万八千年，盘古已经成为一个顶天立地的巨人，身子足足有九万里长。不知道又经历了多少万年，终于天稳地固，不会重新合拢了，这时盘古才放下心来。但这位开天辟地的英雄已经筋疲力尽，再也没有力气支撑自己，他巨大的身躯轰然倒地了。

盘古全身发生了巨大的变化。他的左眼变成了鲜红的太阳，右眼变成了银色的月亮，呼出的最后一口气变成了风和云，最后发出的声音变成了雷鸣，他的头发和胡须变成了闪烁的星辰，头和手足变成了大地的四极和高山，血液变成了江河湖泊，筋脉化成了道路，肌肉化成了肥沃的土地，皮肤和汗毛化作花草树木，牙齿骨头化作金银铜铁、玉石宝藏，他的汗变成了雨水和甘露。

分析与理解

1. 获取信息：材料一中，“能量转换”给人们的生活带来了哪些便利？请至少举一个例子说明。

____

____

2. 评价鉴赏：材料二是神话故事，是古时候人们为解释世界而想象出来的。作为三年级的小学生，你已经学习了一些科学知识，你认为还有必要读神话故事吗？和父母说说你的想法。

3. 创意运用：根据“能量转换”的原理，你能设计一种玩具或生活用品吗？试着写下你的想法或者画下草图。

★阅读推荐★

《世界上下五千年》（翟文明 / 编著）

【项目作业二】表达与交流

1. 在做完“水瓶熨衣服”的实验后写一写，将实验的过程写清楚。

你可以这样来记录：

◎活动前，你都准备了哪些材料？哪些步骤不可忽略？

◎活动中，热水瓶压过衣服的地方，形态有没有什么变化呢？你印象最深的是什么？

◎活动后，将衣服挂起来，与熨前比有什么不同？你有什么想法和感受？

根据这些问题，把活动过程写清楚，还可以写一写自己当时的心情。写完之后，读给父母听一听，看看哪里不通顺还可以改一改。

2. 说一说：将有趣的活动过程介绍给别人，和朋友一起试一试。

【项目作业三】梳理与探究

1. 判断下面图片中的物品哪些是应用了热力学原理。

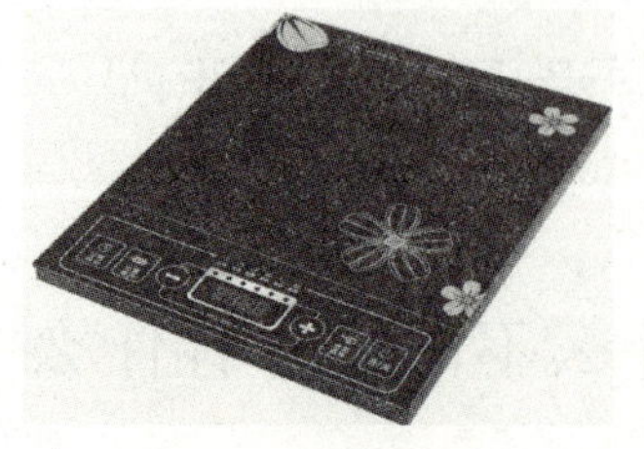
图一：电磁炉

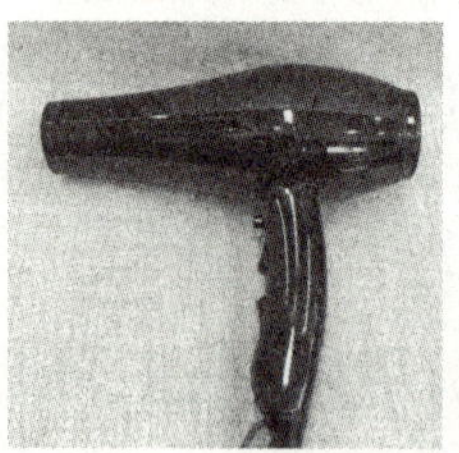
图二：电吹风

图三：电水壶

图四：充电暖手宝

2. 认真观察生活：还有哪些物品是用到了热力学的原理？能

量转换带给我们的都是好处吗？查阅更多的资料，来验证你的观点。

字词补给站

积累下面与“能量”有关的词句。

量小力微　　量力而行　　量如江海　　力大如牛

相辅相成　　前途无量　　量入计出　　量能授官

积土而为山，积水而为海。

——荀子《儒效》

千锤万凿出深山，烈火焚烧若等闲。

——［明］于谦《石灰吟》

★实验大揭秘★

同学们，热水瓶之所以能熨平衣服，并不是因为热水瓶的“神奇”，而是喷了水的衣服，在热水瓶高温的作用下，水蒸气蒸发，热量得到转化，从而让皱巴巴的衣服焕然一新啦！

空气能占据空间吗？

同学们，我们和空气可谓形影不离。那无处不在的空气会占据空间吗？今天我们就来做个小实验，验证这一想法。

活动过程

活动项目：空气是否占据空间

活动场所：室内

活动时长：20 分钟

实验准备：一个水盆、一个乒乓球、一个去底的塑料瓶

实验过程：

第一步：将乒乓球放在水盆里，水的深度不要超过塑料瓶的高度。

第二步：将塑料瓶的盖拧紧，对准乒乓球竖直插入水底。

第三步：用一只手按紧塑料瓶瓶身，另一只手拧开瓶盖。

活动流程：

自己动手做一做，认真观察：乒乓球放入水盆里是什么状态？

竖直插入塑料瓶时，看一看瓶中乒乓球的位置有什么变化。

打开瓶盖后，乒乓球的位置又发生了什么变化？想一想：你能得出什么结论？

学习过程

学习目标：

1. 能参与并观察“空气是否占据空间”实验过程。
2. 能通过实验得出空气能占据空间的结论。
3. 能使用书面语和口头语表达观察所得。

学习项目：

【项目作业一】阅读与鉴赏

同学们，通过实验我们知道了空气能占据空间。接下来，阅读下面两篇材料，让我们了解更多相关知识。

【材料一】

山居秋暝

[唐]王维[①]

空山新雨后，天气晚来秋。
明月松间照，清泉石上流。
竹喧[②]归浣女[③]，莲动下渔舟。
随意春芳歇[④]，王孙[⑤]自可留。

[注释]

①王维：唐代诗人，字摩诘。

②竹喧：这里指竹叶发出沙沙的声响。

③浣（huàn）女：洗衣服的姑娘。

④随意：任凭。春芳：春天的花草。歇：消散，消失。

⑤王孙：原指贵族子弟，此处指诗人自己。

【材料二】

空　气

文/张艺晨

我们居住的地球周围，有一层无色无味的透明气体，我们称它为空气。正因为空气无色无味，所以有首小诗这样写道：

谁也没见过空气，
无论是你，无论是我。
当气球爆炸时，
那是空气在发怒。
……

虽然空气看不到、摸不着，但是它的作用可大着呢！它既可以保存太阳的热能，使地球变得温暖，适合动植物生存，又能挡住太阳辐射中的大部分紫外线，让动植物不受伤害。地球上所有的生命都离不开空气，它是我们每天都呼吸着的“生命气体”。

空气并不是一种单一的气体，它其实是一种混合气体，主要由氮气、氧气、稀有气体、二氧化碳以及其他物质（如水蒸气、杂质等）组合而成。

一般说来，空气的成分是比较固定的。这对于人类和其他动植物的生存是非常重要的。但随着现代工业的发展，排放到空气中的有害气体和烟尘，改变了空气的成分，造成空气污染。被污染了的空气会严重损害人体的健康，影响作物的生长，还会对自然资源以及建筑物等造成破坏。

假如没有空气，我们的地球上将是一片荒芜的沙漠，没有一丝生机。因此，我们在飞速发展的同时也要保护好环境，减少对大气的污染。

分析与理解

1. 整体感知：“味摩诘之诗，诗中有画；观摩诘之画，画中有诗。”这是苏轼对王维的称赞。读一读材料一中的诗与注释，说一说你读诗时，脑海中会浮现怎样的一幅画。尝试把这首诗背下来吧！

2. 获取信息：从材料二中我们知道空气有哪些作用？请用横线画出来。

3. 创意运用：发挥想象，试着仿写这首小诗。

谁见过空气

谁也没见过空气，
无论是你，无论是我。
当气球爆炸时，
那是空气在发怒。

谁也没见过空气，
无论是你，无论是我。
____
____

★阅读推荐★

《生态环境科普绘本·翻开科学：空气的奥秘》（翻开科学编委会／编　马煊／绘图）

【项目作业二】表达与交流

1. 完成实验后写一写，将实验的过程写清楚。

你可以这样来记录：

◎实验前，你都做了哪些准备？你当时预测空气可以占据空间吗？

◎实验中，你可以将观察到的乒乓球的三次状态记录清楚。

◎实验后，看到瓶盖打开后乒乓球又浮起来了，你有什么想法？

根据这些问题，把实验写清楚，还可以写一写自己当时的心情。写完之后，读给爸爸妈妈听一听，看看哪里不通顺还可以改一改。

2. 说一说：将实验方法分享给小伙伴，和小伙伴一起试一试。

【项目作业三】梳理与探究

1. 空气能占据空间的事例在生活中其实很常见，看看下面这些图片你一定有所发现。

图一：节日气球

图二：汽车轮胎

图三：自行车胎

2. 同学们，空气对我们如此重要，我们可以做哪些小事来保护空气呢？查查资料，也可以和爸爸妈妈一起探讨一下。

字词补给站

积累以下与“空气”有关的成语吧。

天清气朗　　空气清新　　秋高气爽　　日丽风清

沁人心脾　　惠风和畅　　气候宜人　　天高气清

乌烟瘴气　　香气扑鼻　　臭气熏天　　污浊不堪

★实验大揭秘★

同学们，当我们把拧紧盖子的塑料瓶对准乒乓球竖直插入水里时，因为空气占据了瓶子内的空间，水进不去，所以乒乓球在水底。当我们拧开瓶盖后，瓶子里的空气被水挤了出去，瓶内的空间被水占据，所以乒乓球又浮在水面上了，这说明空气可以占据空间。

知冷知热的温度计

“细长一物，知冷知热，虽不能言，心中有数。”你能猜出这个谜语的谜底吗？哈哈，就是温度计。今天，我们来学习制作简单的温度计吧。

活动项目：模拟温度计

活动场所：室内

活动时长：15 分钟

实验准备：两个水杯、两瓶未打开的口服液、一根小吸管、适量冷水和热水

实验过程：

第一步：分别开启两瓶口服液的瓶盖，将小吸管的 1/4 插入口服液，确保可以接触到溶液。

第二步：往一个水杯中倒入 60℃以上的热水，另一个水杯中倒入一些凉水，将两支口服液瓶分别放到两杯水中，注意观察吸管中液体的变化。

活动流程：

在父母的帮助下，尝试自己动手做一做实验。

仔细看一看，口服液中的吸管在热水和冷水中分别发生了什么样的变化，还可以拿尺子量一量吸管中液体的高度。

想一想：为什么有这样的变化呢？查一查资料验证自己的想法。

学习过程

学习目标：

1. 能参与实验并观察“模拟温度计”的实验过程。
2. 能查证实验中热胀冷缩的实验原理。
3. 能使用书面和口头语言表达观察所得。

学习项目：

【项目作业一】阅读与鉴赏

今天我们不仅制作了温度计，而且在实验中进行了观察，感受到热胀冷缩给我们带来的快乐。接下来，请阅读下面两篇材料。

【材料一】

“温度”的自我介绍

大家好！我叫“温度”，我时时刻刻陪伴着你们。不信，你摸一摸自己的脸蛋，是不是有暖暖的感觉呢？人们喝凉水会感觉冷，吃冰棍也感觉冷，但冷的程度不同；热水和热火也都让人们感觉到热，但它们热的程度也不同。只凭感觉来判断我的高低是不够准确的，还得用上精确的数字来表示我的冷热程度，越冷的物体我的数字越小，越热的物体我的数字就越大。

我不仅可以衡量人体的冷热程度，也可以衡量空气的冷热程度。人们通常用“气温”来表示空气中的我。空气中的能量主要来源于太阳，太阳辐射到达地面后，一部分被反射，一部分被地面吸收。地面吸收了能量，再通过辐射、传导和对流把热传给空气，这就是空气中能量的主要来源，而我也随着能量的多少而变化。北半球的夏天，太阳直射时间较长，我在温度计上的示数就比较高；到了冬天，太阳直射时间变短，示数就会变小。

可是，怎样才能得知我们的准确数字呢？聪明的人们根据液体热胀冷缩的原理制作成液体温度计，用它来测量物体的温度，还把摄氏度（℃）作为我的常用单位。当我升高或降低时，温度计中的液体便会膨胀或收缩，从温度计中液柱长度的变化中就可以准确地知道我的变化啦！

同学们，现在你们对我是不是更了解啦？其实，我还有很多很多的秘密，等待着你们来探究哦！

【材料二】

夏夜追凉

[宋]杨万里

夜热依然午热同，开门小立月明中。
竹深树密虫鸣处，时有微凉不是风。

分析与理解

1. 获取信息：阅读材料一后，你知道空气中的温度是如何变化的吗？请在文中找找，用横线画出来吧。

2. 形成解释：朗读材料二中的诗并理解诗意，再和父母说一说：诗人为什么有微凉的感觉，却说那不是风？

3. 创意运用：夏天给你带来什么样的感受？四季交替中，你除了感受到温度的变化，还能发现其他的美好吗？和父母一起找找写季节的诗吧，相信你一定会在诗词中寻觅到四季之美的。

★阅读推荐★

《小学生超喜爱的漫画科学》（明洋卓安／编著）

【项目作业二】表达与交流

1. 做小实验，仔细完成并观察实验过程，根据问题写一写，将试验的过程写清楚。

你可以这样来记录：

◎实验前：今天实验要制作的是什么？这个实验需要准备哪些东西？实验有几个步骤？你的心情是怎么样的？

◎实验中：你是如何操作实验步骤的？当你把插着吸管的口

服液放在热水中时，吸管有什么变化？放在冷水中后，吸管又有什么变化？当你拿尺子量了吸管中液体的高度后，有什么发现呢？试着把实验的过程写一写。

◎实验后：实验的原理是什么？你有什么想法和感受？

根据这些问题，把实验过程写清楚，还可以写一写自己当时的心情。写完之后，读给父母听一听，看看哪里不通顺还可以改一改。

2. 说一说：将有趣的实验过程介绍给别人，和朋友一起试一试。

【项目作业三】梳理与探究

1. 留意生活，说一说温度变化对我们的生活有什么影响。看一看下面的图片，感受生活中热胀冷缩的存在。

图一：孔明灯

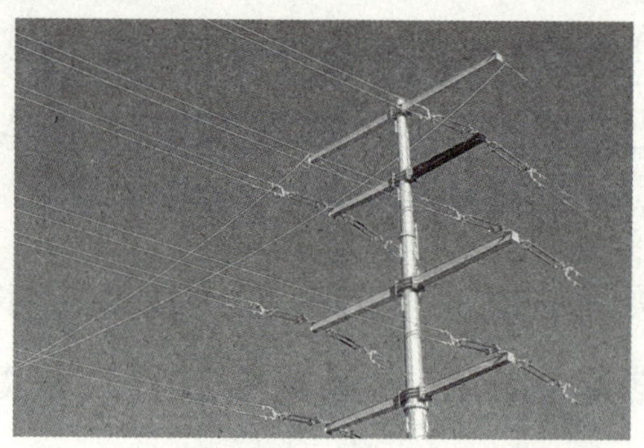

图二：电线杆

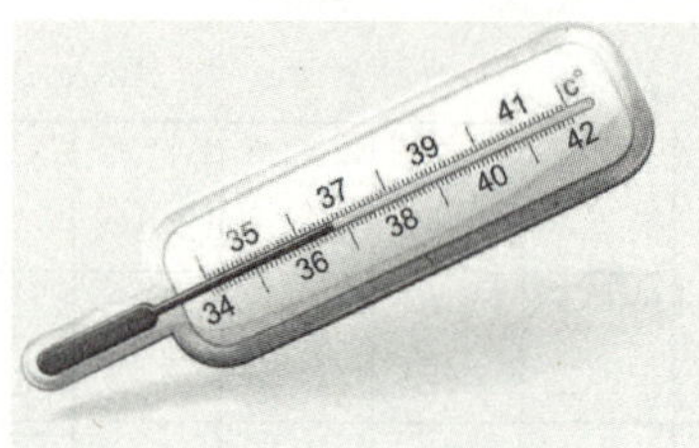

图三：温度计

图四：火车轨道

2. 想一想，生活中热胀冷缩还会产生哪些现象。查阅更多的资料，说一说这些有趣的现象吧！

字词补给站

积累下面有关“温度”的成语和诗句。

寒风侵肌　　秋高气爽　　骄阳如火　　寒风凛冽

热不可耐　　暑气蒸人　　酷暑难耐　　汗流浃背

日暮苍山远，天寒白屋贫。

——［唐］刘长卿《逢雪宿芙蓉山主人》

几处早莺争暖树，谁家新燕啄春泥。

——［唐］白居易《钱塘湖春行》

★实验大揭秘★

热胀冷缩是物体的一种基本性质，物体在一般状态下，受热以后会膨胀，在受冷的状态下会缩小。在实验中，当杯子中的水温度高时，小瓶中的液体就会上升，反之，杯子中的温度低时，小瓶中的液体就会下降，温度计就是根据这个原理制作出来的。

紫外线的秘密

同学们，你们发现了吗？经过一个暑假，很多同学晒黑了。这是为什么呢？让我们一起做个小实验，去认识一下“元凶”吧！

活动过程

活动项目：检测紫外线

活动场所：室内

活动时长：15 分钟

实验准备：一张 100 元纸币、一个验钞灯、不同款式墨镜若干

实验过程：

第一步：将纸币平放在桌面上，拿着验钞灯照射纸币。

透过墨镜再次照射，你们又发现了什么？还可以用不同的墨镜来试试哦！

第二步：拿着墨镜放在纸币的上方，将验钞灯通过墨镜照射纸币。

活动流程：

仔细看一看，验钞灯通过墨镜照射在纸币上的样子。

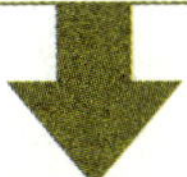

自己做一做，然后想一想：为什么验钞灯透过不同墨镜的表现不同？

查一查资料：造成纸币上出现隐藏数字的原因是什么？

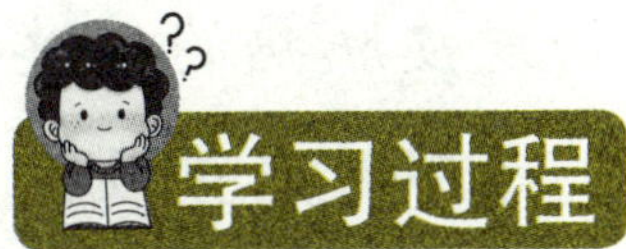

学习过程

学习目标：

1. 能认真观察“检测紫外线”的实验过程。
2. 能查证实验中与紫外线相关的科学道理。
3. 能使用书面语和口头语表达观察所得。

学习项目：

【项目作业一】阅读与鉴赏

你已经知道了吧！验钞灯透过不同墨镜的表现不同，是因为墨镜隔离紫外线的功效不同。阅读下面两篇关于紫外线的材料吧。

【材料一】

“科普我最强”之紫外线

主持人晓晓：欢迎来到“科普我最强”节目的现场，我是主持人晓晓。今天给我们带来科普小知识的是新花园小学三年一班的文汐同学，接下来，我把话筒交给文汐。

文汐：大家好，今天我给大家揭开紫外线的秘密。阳光中的紫外线家族有三个成员，它们是根据波长来进行排序的。它们分别是老大A(UVA)、老二B(UVB)、老三C(UVC)。老大（UVA）主要负责把你晒黑，是皮肤老化、起皱纹的主要“凶手”。老二（UVB）主要负责把你晒红，虽然穿透力不强，但是过量的UVB能破坏皮肤细胞的DNA，让皮肤红肿、晒伤、掉皮，是诱发皮肤癌的关键因子。老三（UVC）最无存在感，因为它几乎全被臭氧层吸收，所以对人体没啥太大影响。

主持人晓晓：看来，紫外线主要是对皮肤有伤害。

文汐：不仅如此，强烈的紫外线还会影响人的中枢神经系统，人会出现头痛、头晕、体温升高等状况。它对眼睛的伤害也不容忽视，可引起结膜炎、角膜炎，还有可能诱发白内障。

主持人晓晓：这么说，紫外线危害性很大。那它的存在对人类有什么好处吗？

文汐：当然有啦！比如我们的阳光中就含有紫外线。人或动物被紫外线照射以后，会在体内产生维生素D_3，而维生素D_3会加速钙的吸收，起到补钙的作用。

主持人晓晓：那我们要多多利用紫外线的优点，避开它的危害。我们怎么做好防护呢？

文汐：面对不同的紫外线强度，我们可以采取不同的出行防护措施。当紫外线最弱（0—2级）时，我们外出只需要戴上太阳帽；紫外线达到3级时，外出时除戴上太阳帽外还需备太阳镜，并在身上涂上防晒霜。当紫外线强度达到5—6级时，我们就要格外注意了，外出时必须在阴凉处行走；当紫外线达7—9级时，在上午10时至下午4时这段时间，最好不要到沙滩场地上晒太阳，避免晒伤；当紫外线指数大于等于10时，应避免外出，因为此时的紫外线辐射极具伤害性。

主持人晓晓：那人们怎么知道紫外线几级呢？

文汐：这可难不住科学家，他们发明了检测紫外线强度的色卡，只需要将其放在太阳光下照射，产生的不同颜色对应的就是不同的紫外线强度。

主持人晓晓：哈哈，至于我们，只需要关注天气预报，或是上网查一查，就能了解得一清二楚啦。非常感谢今日文汐同学带来的精彩的科普知识，相信同学们也都对紫外线有了全新的认识！让我们共同期待下一次的分享吧！

【材料二】

匡衡勤学而无烛，邻舍有烛而不逮①，衡乃穿壁②引其光，以书映光而读之。邑人大姓文不识③，家富多书，衡乃与其佣作而不求偿。主人怪而问衡，衡曰："愿得主人书遍读之。"主人感叹，资④给以书，遂成大学⑤。

[注释]

①逮：及。

②穿壁：在墙上找洞。

③文不识：姓文名不识。

④资：借。

⑤大学：大学问家。

[译文]

匡衡勤奋好学，但家中没有蜡烛（照明）。邻居家有蜡烛，光线却照不到他家，匡衡就（在墙上打洞）凿穿墙壁引来邻居家的烛光，把书映照着光来读。同乡有个大户叫文不识，家里有很多书。（于是）匡衡就到他家去做佣人，却不求得到报酬。文不识对匡衡的举动感到奇怪，问他原因。他说："我希望能够读遍主人家的书。"文不识感到惊叹，就把书借给他。最终（匡衡）成了大学问家。

分析与理解

1. 获取信息：你能根据材料一的内容做一个外出活动的建议图或者表格吗？

2. 形成解释：由材料二而来的一个形容勤学的成语是__________，再写出三个由勤学故事而来的成语：__________、

__________、__________。

3. 创意运用：光是具有两面性的，看了上面两个材料后，文汐同学写下这样一段话，可惜印刷时丢了字，你知道缺失的地方是什么吗？

光有时很温和。

它帮助匡衡成就大学问；

它帮助人们 ________________。

光有时很暴躁。

它把 ________________；

它 ________________。

★阅读推荐★

《神奇的科学魔方》（［英］维基·考博、凯茜·达林 / 著）

【项目作业二】表达与交流

1. 在自己仔细地试着做“检测紫外线”实验后写一写，将实验的过程写清楚。

你可以这样来记录：

◎实验前，需要准备哪些材料？

◎实验中，在用验钞灯照射墨镜时，纸币表面有没有发生变化？你印象最深的是什么？针对验钞灯照射不同墨镜产生的不同现象，你有什么想法和感受？

◎实验后，你查证了哪些资料？有了哪些收获？

根据这些问题，把实验写清楚，还可以写一写自己当时的心情。

写完之后，读给父母听一听，看看哪里不通顺还可以改一改。

2. 说一说：将有趣的实验过程介绍给别人，和朋友一起试一试。

【项目作业三】梳理与探究

1. 判断下面图片上的物品，哪些可以隔离紫外线。

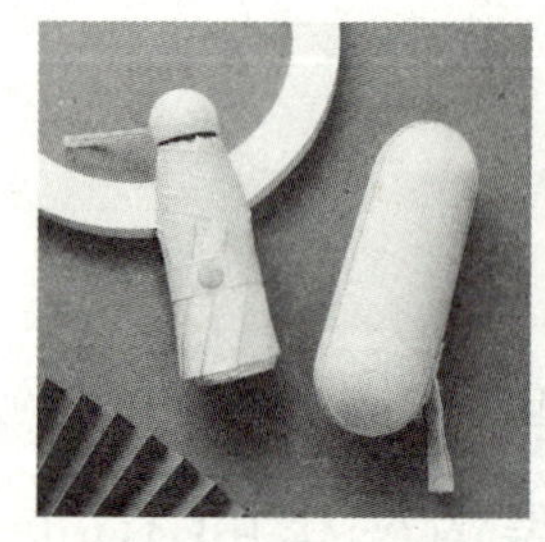
图一：太阳伞

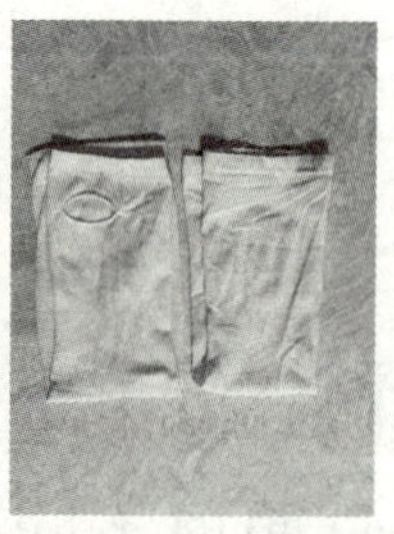
图二：冰袖

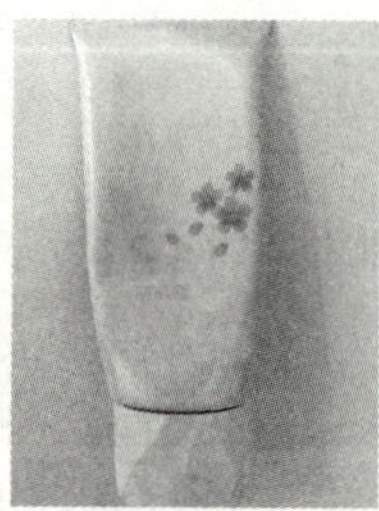
图三：防晒霜

图四：防风车罩

2. 想一想，紫外线对植物有影响吗？查阅资料，来验证你的观点。

字词补给站

积累下面与“防护”有关的词句。

遮风挡雨　　舍车保帅　　阿保之功　　广厦之荫

丢车保帅　　舍生取义　　明哲保身　　守身如玉

谨慎能捕千秋蝉，小心驶得万年船。

——《庄子语录》

人无远虑，必有近忧。

——《论语·卫灵公》

★实验大揭秘★

验钞灯通过不同墨镜照射在纸币上的样子之所以不同，是因为验钞灯照射出来的光线是紫外线，而有的墨镜没有隔离紫外线的功效，会在纸币上照射出数字100。现在你知道其中的奥秘了吧！

变来变去的月亮

月亮时而圆圆如玉盘，时而弯弯如小船。古时候，人们认为月亮之所以会变形，是因为天狗在吃月亮。现在，人们飞上月球去探索它的奥秘，希望把它变成第二个家园。今天，我们就走近它去看看。

活动过程

活动项目：“吃”月亮

活动场所：室外＋室内

活动时长：一个月左右

实验准备：一张A4大小的白纸、一个圆圆的小瓶盖、一支笔

实验过程：

第一步：借助圆圆的小瓶盖，在白纸上画30个一样大小、排列整齐的圆形，用它们代表月亮。

第二步：连续观察一段时间夜空里的月亮，把月相有序地在空白的圆里涂出来。不要忘记在表上备注观察的日期噢！

第三步：根据观察到的月相变化图，挑出九种对比明显的图案，用圆形饼干拼出来。观察后，像传说中的天狗一样，把“月亮”吃掉吧！

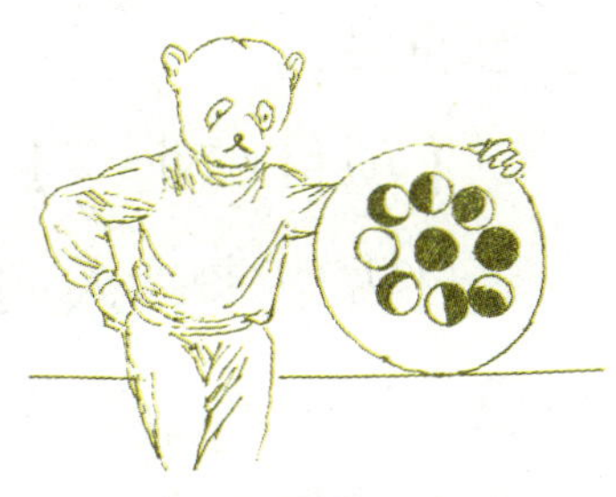

活动流程：

观察月相的变化，涂一涂月相变化图。

想一想：到底是什么引发了月相的变化呢？

查一查资料，弄清楚引起月相变化的原因是什么。

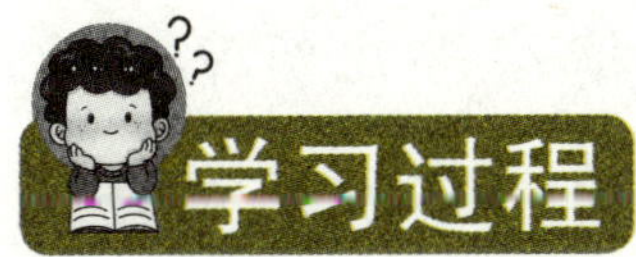

学习过程

学习目标：

1. 能参与并观察“‘吃’月亮”的实验过程。
2. 能查证实验中的月相变化的科学道理。
3. 能使用书面语和口头语表达观察所得。

学习项目：

【项目作业一】阅读与鉴赏

自古以来，人们对月球充满着幻想，民间流传着许多美丽的传说。接下来，让我们阅读下面两篇与月亮相关的材料吧。

【材料一】

天狗吃月

文 / 晴子

中秋的月亮圆圆的，照得周围一片清亮。院子里，宁宁趴在妈妈的腿上，望着又圆又大的月亮问："妈妈，月亮会像月饼一样被吃掉吗？"

"会呀。天上呀，有一只天狗，它会出来吃月亮。"

"啊？真的吗？那怎么现在月亮还好好地挂在天上呢？"

"那是因为天狗吃了月亮之后，又吐出来了。"

"妈妈快讲给我听，我要听天狗吃月亮是怎么回事！"

"其实，这是一个古老的传说，妈妈是从婆婆那儿听来的，婆婆又是从她的婆婆那儿听来的。相传很久以前，孝子目连的母亲任性、暴戾。有一天，她心血来潮，想捉弄吃斋的和尚，就用肉包子替换了素包子，送去给和尚吃。"

"妈妈，目连的母亲太坏了。"

"幸好，目连及时送出消息，和尚们没有中招。但这事被玉皇大帝知道了，他便将目连的母亲变成了一只恶狗，打入到十八层地狱。目连想把母亲从地狱里解救出来，就日夜修行。终于，皇天不负有心人，他修成正果，成为地藏菩萨。他用锡杖打开了地狱的大门，救出了母亲。”

“后来呢？”

“唉，没想到，目连的母亲好不容易从地狱出来，不但不思悔改，还窜到天庭找玉皇大帝算账。她来到天上，一时找不到玉皇大帝，竟然把天上的月亮一口吞进肚子里。这下可好，天上和人间到了晚上一片黑暗。”

“这只恶狗太可恶了！”

“人们敲锣打鼓放鞭炮，想要吓唬恶狗。那恶狗果然把吞下去的月亮吐了出来。但恶狗并不甘心，时不时地继续追逐月亮。人们就不断敲锣打鼓吓唬恶狗。天狗吃月不断，月食也就不断。”

“哦，妈妈，我知道了。原来古代人认为月食就是天狗在吃月亮呀！”

【材料二】

潮汐三问三答

一问：为什么钱塘江大潮被称为天下奇观？

一答：钱塘江大潮的确壮观。杨万里曾评价它：“海涌银为郭，江横玉系腰。”《观潮》也这样写道：“每到农历八月十八，人们来到了海宁市的盐官镇，登上了海塘大堤观潮。起先听到远处传来的隆隆响声，好像闷雷滚动。过了一会儿，响声越来越大，只见东边水天相接的地方出现了一条白线。随后，那条白线很快地移来，逐渐拉长、变粗，横贯江面。再近些，白浪翻滚，形成一堵两丈多高的水墙。浪潮越来越近，犹如千万匹白色战马齐头并进，浩浩荡荡地飞奔而来；那声音如同山崩地裂，好像大地都被震得颤动起来。”

再问：为什么海宁盐官镇潮水最盛呢？

再答：钱塘江入海的杭州湾呈喇叭状，外宽内窄，外深内浅。起潮时，宽深的湾口吞进大量海水，由于江面迅速收缩变窄变浅，上涌的潮水来不及均匀上升，后面的潮水又涌得急，因此出现大潮惊险壮观的景象。

三问：涨潮退潮现象，还与什么有关呢？

三答：涨潮退潮与月亮有关。一般地说，地球面对月亮的一侧，因为受到月球的引力，所以水会涌起；而背对月亮的一侧，因为月球对它向地心的引力最小，水仍会涌起，这就是涨潮。而与月亮与地心连线垂直的地方，水位最低，这就是退潮。

分析与理解

1. 获取信息：读完材料一，我们知道了，古时候人们认为月食是由于 ____________ 引发的。

2. 形成解释：与父母说一说“钱塘江大潮”是怎样形成的。

3. 创意运用：请根据材料二的“一答”中的内容，画出钱塘江潮水阶段变化图。

提示：起先→过了一会儿→随后→再近些

★阅读推荐★

《科学实验王》（［韩］故事工厂／文　［韩］弘仲贤／

图　徐月珠／译）

【项目作业二】表达与交流

1. 在观察了月相的变化之后写一写，将你看到的月相写清楚。

你可以这样来记录：

◎观察的第一天，月相是什么样的？它像什么，让你想到了什么？

◎继续观察，月相是怎样变化的？对于每一天的变化，你有什么样的感受？

◎查找资料，你知道了月相变化的真正原因是什么？对于宇宙世界，你还有其他想探索的知识吗？

根据这些问题，把实验写清楚，还可以写一写自己当时的心情。在下面的表格里写下你的观察片段吧，写完之后，读给爸爸妈妈听一听，看看哪里不通顺还可以改一改。

2. 说一说：将你的观察过程介绍给别人，和朋友一起继续探索。

【项目作业三】梳理与探究

1. 图片中是目前人们对月亮与人类生活关系的研究发现成果，你可以查找更多资料，进一步了解这些发现。

图一：潮能在人类的生活和军事上都有重要的影响。

图二：月光是夜行者的一盏明灯。

图三：如果失去月球，地球会怎样呢？

图四：月亮对植物有无法替代的促进生长的作用。

字词补给站

积累下面与“月亮”有关的成语与诗句。

月黑风高　　月明星稀　　月盈则食　　流星赶月

闭月羞花　　花容月貌　　披星戴月　　日月如梭

小时不识月，呼作白玉盘。

——［唐］李白《古朗月行》

海上生明月，天涯共此时。

——［唐］张九龄《望月怀远》

★实验大揭秘★

月亮，是夜空中最明亮的天体，但是它洒向人间的皎洁之光，并不是它自身发出的，而是反射的太阳光。月相的变化是由月球、太阳和地球处在不同位置时形成的。

揭开霜的神秘面纱

“霜叶红于二月花”，那种红，直往心里去，像火一样。霜降是一年中最美的时节。漫步于山野当中，层层叠叠的山林，显出不同层次的色彩。你知道霜是怎样形成的吗？让我们通过一个小实验，揭开它神秘的面纱，走进奇妙的科学世界吧！

活动过程

活动项目：霜的形成

活动场所：室内

活动时长：15 分钟

实验准备：一个透明玻璃杯、少许冰块、适量清水、少许食盐、一瓶蓝墨水、毛巾、一个煤油温度计（−30℃—100℃区间）

实验过程：

第一步：先倒半杯水，滴入几滴蓝墨水让杯中水变色，用煤油温度计测量水温并记录。

第二步：在水中加入冰块，待冰和水充分混合后，测量冰水混合物的温度并记录。

第三步：在冰水中加入适量的食盐，待食盐溶化后，测量杯内的温度并记录。

第四步：将装有冰水混合物的玻璃杯放在湿毛巾上，观察水杯外壁出现的现象。

活动流程：

仔细观察加入冰块后水的温度，看一看水温降低了多少。

在食盐溶化过程中观察温度计读数的变化。

查一查资料，了解霜形成的过程。

学习过程

学习目标：

1. 能参与并观察“霜的形成”的实验过程。
2. 能查证实验中霜现象形成的科学原理。

3. 能使用书面语和口头语表达观察所得。

学习项目：

【项目作业一】阅读与鉴赏

通过实验和查阅资料，你已经知道了吧，霜的形成就是因为气温降低，水汽直接凝成冰晶，这是一种“凝华现象”。接下来，阅读下面两篇关于霜的材料吧。

【材料一】

霜

寒冷的清晨，草叶上、土块上常常会覆盖着一层又白又薄的结晶，它们在朝阳的照耀下闪闪发光，随着太阳升起，它们又悄悄消失了。人们常常把这种现象叫降霜。我们看到过降雪，也看到过降雨，可是为什么谁也没有看到过降霜呢？其实，霜不是从天空降下来的，而是在近地面层的空气里形成的。

霜多形成于夜间，少数情况下，在日落以前太阳斜照的时候也能形成。霜的形成不仅和当时的天气条件有关，而且与所附着的物体的属性也有关。当物体表面的温度很低，而物体表面附近的空气温度比较高，较暖的空气与较冷的物体表面接触时，多余的水汽就会在物体表面铺上一层霜。

通常情况下，表面积较大的物体散热较多，冷却较快，表面更容易形成霜，如草叶；表面粗糙的物体散热较多，冷却较快，表面更容易形成霜，如土块。

通常日出后不久，因温度升高，霜就会消失，或升华为水汽，或融化成水。但是，在天气严寒的时候或者在背阴的地方，霜却能终日不消。由于低温有利于植物体内的物质转化和糖分增加，因此“霜打蔬菜分外甜”。霜所融化的水，对农作物是有一定好处的。但是，如果白天气温高于摄氏零度，夜间气温短时间内降至零度以下，就会出现低温危害现象——霜冻。霜冻会使农作物受到伤害，甚至死亡。科学家和农民伯伯们一直在积极寻找预防霜冻的好办法。

【材料二】

山 行

［唐］杜牧

远上寒山石径斜，白云生处有人家。
停车坐爱枫林晚，霜叶红于二月花。

枫桥夜泊

［唐］张继

月落乌啼霜满天，江枫渔火对愁眠。
姑苏城外寒山寺，夜半钟声到客船。

分析与理解

1. 获取信息：到材料一中找一找，霜的形成与什么因素有关，用横线画一画吧。

2. 整体感知：材料二中的两首古诗都与“霜”有关，边想象画面边背诵吧！

3. 评价鉴赏：根据实验原理，想想《枫桥夜泊》中的“霜满天”

是真实的吗，作者为什么这样写。

4. 创意运用：结合霜形成的原理，为农民伯伯想一个预防霜冻的好办法。

____

____

★阅读推荐★

《时节之美》（朱爱朝 / 著）

【项目作业二】表达与交流

1. 在做完实验后写一篇日记，将实验的过程写清楚。你可以这样来记录：

◎实验前，你做了哪些准备？

◎实验中，你的实验步骤是什么？每一个活动步骤之后发生了哪些变化？你可以详细表述“霜”的样子，记录它是什么时候出现的，什么时候消失的，杯子里的水温发生了什么变化，实验成功的瞬间你的心情怎样。

◎实验后，你明白了什么呢？还有哪些想要知道的问题？不妨思考或查找资料求证一下：为什么要在水中滴入墨水呢？为什么食盐可以使水的温度更低？测量温度时，为什么一定要使用煤油温度计？

根据这些问题，把实验写清楚，还可以写一写当天做实验的感受，写了之后和小伙伴交流，试着用修改符号改一改。

2. 说一说：将这个有趣的实验过程介绍给别人，和朋友一起试一试。

【项目作业三】梳理与探究

1. 留心观察生活：还有哪些现象也是利用温度变化来为人们的生活创造便利的呢？

2. 观察一下：生活中还有哪些凝华现象呢？

字词补给站

积累下面和“霜”有关的成语和古诗词。

傲雪凌霜　雪上加霜　饱经风霜　冷若冰霜

六月飞霜　风刀霜剑　傲霜斗雪　卧雪眠霜

鸳鸯瓦冷霜华重，翡翠衾寒谁与共。

——［唐］白居易《长恨歌》

羌管悠悠霜满地，人不寐，将军白发征夫泪。

——［宋］范仲淹《渔家傲·秋思》

★实验大揭秘★

实验中，我们通过温度测量发现，加入冰块后的冰水混合物接近0℃，加入食盐后，食盐的特性使冰水混合物的温度更低了。而毛巾隔绝了玻璃杯和桌面的热传递，保证水杯中的水温处于较低的状态，这时，空气中的水蒸气遇到0℃以下的杯壁时，就出现了凝华现象，“霜”就形成了。

真球不怕火炼

同学们猜猜看，把气球放在火上烤，会发生怎样的变化？俗话说，真金不怕火炼。气球有没有可能也不怕火炼呢？让我们通过一个小实验，揭开这背后的科学原理，领略奇妙的物态变化吧！

活动过程

活动项目：真球不怕火炼

活动场所：户外（阳台或楼顶）

活动时长：15 分钟

实验准备：两个气球、小蜡烛、筷子、漏斗、PM2.5 口罩

实验过程：

【温馨提示】请在保证安全的情况下进行实验，须有家长陪同。

第一步：点燃蜡烛，将普通气球（未吹）轻轻放在蜡烛火焰上，观察气球的变化。（记得佩戴 PM2.5 口罩，在家长监护下完成。）

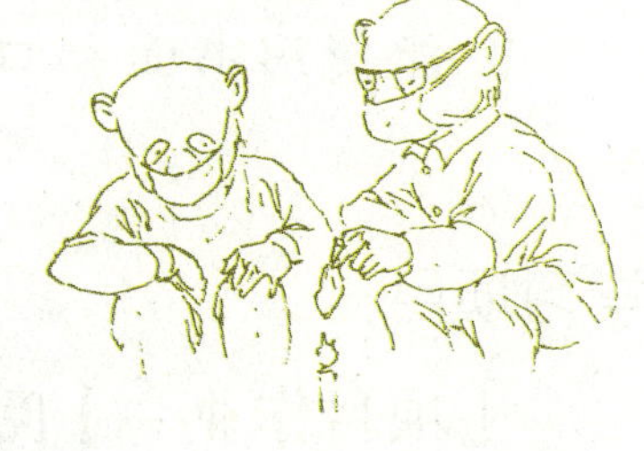

第二步：用漏斗往另一个气球中加入 20ml ~ 30ml 的水后，将气球再次放在蜡烛火焰上，观察气球的变化。

活动流程：

仔细观察父母做实验，观察加热气球时发生了什么现象。

在父母的安全指导下，尝试自己动手做一做，然后想一想：为什么气球会呈现出两种不同的变化？

查一查资料，了解实验背后的科学原理是什么。

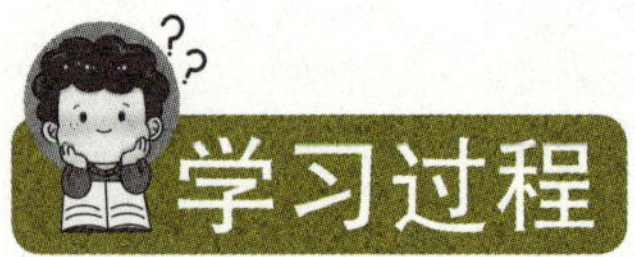

学习过程

学习目标：

1. 能参与并观察“真球不怕火炼”的实验过程。
2. 能查证实验中关于熔化的科学道理。
3. 能使用书面和口头语言表达观察所得。

学习项目：

【项目作业一】阅读与鉴赏

你已经知道了吧，这背后隐藏的原理就是熔化现象，是物态变化的类型之一。接下来，阅读下面两篇关于物质物态变化的材料吧！

【材料一】

熔化和凝固

文 / 思齐

在烈日炎炎的夏天，你注意到了吗，从冰柜中拿出的冰，一会儿就变成了水，再过一段时间水又变干了，化身看不见的水蒸气，跑得无影无踪。

走进微观的物质世界，我们会发现，物质的常见状态有三种：固态、液态和气态。随着温度的变化，物质会在固、液、气三种状态之间转换，这种物质在各种状态间的变化就叫作物态变化。

其中，物质从固态变成液态的过程叫作熔化，比如离开冰箱的雪糕，会渐渐“出汗”；蜡烛燃烧时，原本硬硬的蜡块化成了蜡水；通常呈固态的铝、铜、铁等金属，在温度很高时会变成液体，等等。而物质从液态变成固态的过程叫作凝固。例如，温度降低时，融化的糖和巧克力会重新结成块；寒冷的冬季，湖面常常结上一层厚厚的坚冰；冬末化雪时，建筑物尖角处有时挂着晶莹剔透的冰棱柱，令人惊喜。

物质在熔化的过程中，会吸收热量，反之，在凝固的时候会释放热量。举个例子，夏天如果我们要喝冰凉的饮料，往往会在饮料中加上几块冰块，而不是直接加冷水。一方面是因为冰块的温度更低，另一方面是因为冰块在融化成水的过程中会吸热，从而使饮料的温度下降得更多。

北方的冬天，人们为了更好地保存蔬菜，通常会在菜窖里放几桶水，这样水凝固成冰时放出热量，窖内的温度不会太低。

【材料二】

节气与物态变化

文 / 思齐

下课了，狮子班号称最博学的白小猫又站到凳子上，开始学着王老师的样子，给同学们“上课”了……

“你们知道吗，二十四节气是中国古代就订立的。它能反映自然变化，用来指导农民伯伯从事农业生产。二十四节气可是凝聚着古代劳动人民的经验和智慧！”

“那今天是什么节气啊？”李小轩用崇拜的目光望着白小猫。

“早晨出门的时候，我妈妈告诉我，今天是霜降！”

“白小猫，你太厉害了！你再给我们讲讲，霜降是什么意思。”罗小雅期待地问。

“嗯……这个嘛……我猜‘霜降’应该就是……霜从天上降下来吧……”白小猫挠挠头，吞吞吐吐。

“可是我们只听说过下雨、下雪、下冰雹，没有听过下霜啊！”同学们半信半疑。白小猫满脸通红。

这时，科学熊老师恰巧路过。好学的同学们立马围住熊老师，问道：“熊老师，霜降是什么意思？就是霜从天上降下来吗？”

“那是人们认识的一个误区啦。霜降其实是空气中的水汽遇冷后，直接凝华成的固体晶粒。”熊老师微笑着说。

此时，熊老师一边解释，一边在黑板上画起图来：“初春，晴朗的早晨，往往出现霜冻。由水汽变成霜，必须具备两个条件：一是空气中要有足够的水汽；二是气温要在0℃以下。早春，气温开始回升。白天，晴朗的阳光晒暖了大地，加剧了水分蒸发，使大气中包含了足够的水汽。夜间，由于天气晴朗，为大地向外散热提供了有利条件，因此气温逐渐下降，空气中的水汽相对过剩。凌晨气温最低，当温度降到0℃以下时，水汽便直接凝华到禾苗和草木上，这就形成了霜冻。”

“谢谢熊老师的解答！”狮子班的同学齐声说。

“大家有这种追问的精神，我真高兴。再给大家科普一下吧！霜冻其实是农业上的一大灾害，常言道‘霜打万顷枯’，特别是春天刚刚返青的麦苗，更怕霜冻侵袭。我国古代农民早已有熏烟防霜的经验。”

“他们是怎么做的呢？”此时的白小猫愈发谦虚。

“晴朗的早晨，当霜冻将要发生的时候，农民们便在田间烧柴熏烟，让缭绕的烟雾笼罩大地，就像给农作物盖了一层厚厚的棉被，阻止了地面因继续散热而降温，防止水汽凝华成霜。近年来，我国气象部门还研制出一种防霜长效烟幕弹。霜冻到来之前，点燃烟幕弹的导火线，一声巨响，霎时间浓烟滚滚，弥漫田野，为大地盖上了一层防霜被，使禾苗免受霜冻之灾。”

“学海无涯，我可要继续好好学习！”白小猫暗暗在心里对自己说。

分析与理解

1. 获取信息：阅读了材料一，你知道了物质常见的三种状态分别是 ________、________ 以及 ________。物质在各种状态间的变化叫 ________。

2. 形成解释：材料二中，科学熊老师对同学们说：“初春，晴朗的早晨，往往出现霜冻。”请你参考文中熊老师的解释，给家人讲讲原因。试着和家人一起画画图，会更清晰哦。

3. 创意运用：你知道物态变化共有哪六种形式吗？请查一查资料，与父母一起总结一下吧！

★阅读推荐★

《“追不上的”物理书 3 · 物态变化：气体、液体、固体之间的捉迷藏》（[韩]图书出版城佑执笔委员会/著　千太阳/译）

【项目作业二】表达与交流

1. 在仔细地观察爸爸妈妈做“真球不怕火炼”的实验后写一写，将实验的过程写清楚。

你可以这样来记录：

◎实验前，爸爸妈妈和你做了什么准备和步骤设计？

◎在两次燃烧气球的过程中，你看到了什么？闻到了什么？你的预测分别是什么？和实验结果一致吗？

◎实验后，对比两种截然不同的结果，你有什么思考？

根据这些问题，把实验写清楚，还可以写一写自己当时的心情。写完之后，读给爸爸妈妈听一听，看看哪里不通顺还可以改一改。

2. 说一说：将有趣的实验过程介绍给别人，和朋友一起试一试。

【项目作业三】梳理与探究

1. 从古至今，人们利用物态变化造福生产生活的例子比比皆是，你能说说其中蕴含的智慧吗？

图一：海鲜运往外地，用冰块保鲜。

图二：冬天往结冰的路面上撒盐，防滑。

图三：新型聚乙烯——可调温墙体材料。

图四：火箭头特殊涂层熔化吸热，防受损。

2. 想一想：生活中还有哪些物态变化或者利用物态变化的例子？查阅更多的资料，和家人或者同伴讨论一下吧！

字词补给站

积累下面与“物态变化现象”有关的诗句和民间谚语、楹联。

冰冻三尺，非一日之寒。

扬汤止沸，不如釜底抽薪。

雪落高山，霜降平原。

下雪不冷，化雪冷。

开水不响，响水不开。

上联：杯中冰水，水结冰冰温未降。

下联：盘内水冰，冰化水水温不升。

★实验大揭秘★

当没装水的气球放在蜡烛上方时，气球迅速升温达到熔点，很快被点燃、熔化；而当气球中装入水时，气球里的水吸收了火焰的热量，使得气球达不到熔点，因而无法熔化。

去垢大作战

同学们，你们都跟家人一起做过大扫除吧！角落里那些极难去除的尘垢，是清洁路上的“拦路虎”。让我们来学习制作家庭除垢剂吧，掌握这个环保又可行的小妙招！

活动项目：制作家庭除垢剂

活动场所：室内

活动时长：15 分钟

实验准备：一个小水杯、适量纯净水、适量白醋

实验过程：

第一步：在烧水壶中倒入纯净水和几勺白醋，然后将混合液煮沸。

第二步：将煮沸的混合液倒在杯子里晾凉，用抹布蘸取一些来擦有污垢的地方。

活动流程：

仔细闻一闻水加入白醋后煮沸时的味道。

自己做一做，然后想一想：为什么白醋加热后可以除垢？

查一查资料，想一想：白醋除垢是利用的什么原理？

学习过程

学习目标：

1. 能参与并观察“制作家庭除垢剂”的过程。
2. 能查证实验中与白醋除垢相关的科学原理。
3. 能使用书面语和口头语表达实验过程中的观察所得。

学习项目：

【项目作业一】阅读与鉴赏

你已经知道了吧，能去除污垢本身的并不是白醋，而是它里面含有的醋酸成分。接下来，一起来阅读下面两篇材料吧。

【材料一】

醋酸的自述

文/心俞

传说，杜康善酿好酒，被封“酒仙”。他的儿子黑塔继承父业，在一次造酒过程中，黑塔不慎延长了酒酿的时间，酒味犯酸，变成了醋。于是，我应运而生。

我的原名叫乙酸，也叫冰醋酸，是食醋的主要成分。可别小瞧我，我可是有很多优点呢！

我是细菌、病毒的克星。我可以防止病毒性感冒、病毒性肝炎等疾病。在感冒流行的春季，用我的气味来熏房间，还能有效预防感冒和呼吸疾病。

在生活中，我可是人类的小帮手。我能有效去除污垢，衣服上若沾有果汁，用我擦洗后，再用清水漂洗即可除去污迹；擦皮鞋时，把我加在鞋油里，还可增加亮度。

另外，我还是广大女性的好朋友。因为我体内含有乳酸、氨基酸、甘油等化合物的成分，对人体皮肤有柔和的刺激作用，能促进血管扩张及营养供应，使皮肤变得丰润饱满，并能杀死皮肤上的一些细菌。

在食品工业中，我常常被用作酸化剂、增香剂和香料。使用时适当稀释，还可用于调饮料、罐头等。在化学研究方面，我也是有不少贡献。科学家们常常把我与各类化学剂进行反应，从而产生新的物质。

【材料二】

歧义联

从前，有一位少年，父母双亡，生活无靠，只得在地主家放牛。谁知，辛苦了一年，地主却不肯给工钱。

少年看地主不厚道，想捉弄一下他，便说："过年了，我送你一副对联吧。"少年挥毫写下："养猪头头象老鼠只只死；酿酒坛坛好造醋缸缸酸。"他边写边念："养猪头头象，老鼠只只死；酿酒坛坛好，造醋缸缸酸。"

听了这段"吉利话"，地主满心欢喜，乐滋滋地把它贴在大门口。

有路人从门口走过，看了对联哈哈大笑，又连连摇头。

地主忙问他为什么发笑。

路人念道："养猪头头像老鼠，只只死；酿酒坛坛好造醋，缸缸酸。居然有人把这么晦气的对联贴在大门口，岂不好笑？"

地主听了，气得七窍生烟。

分析与理解

1. 获取信息：读了材料一，你知道醋酸有哪些好处吗？请填在下面的图表中。

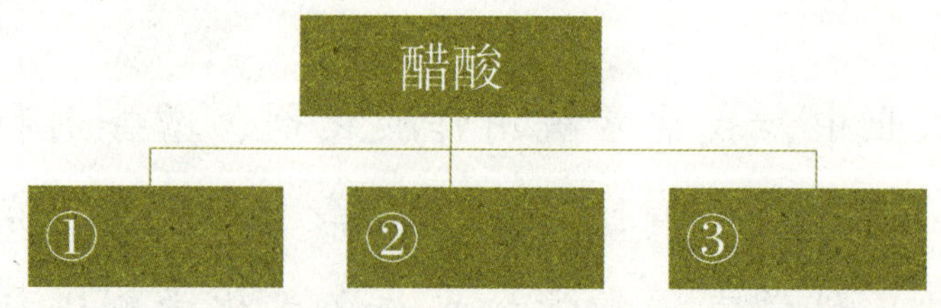

2. 形成解释：查看家中护肤品的成分列表，你会发现其中含有各种"酸"，这是为什么？结合材料说说你的理解。

3. 创意运用：材料二中少年捉弄地主的对联，是因为古代没有标点符号产生的歧义联。类似这样的歧义联还有呢，如：

明日逢春好不晦气

终年倒运少有余财

你能说出它的两种不同的读法、不同的含义吗？

★阅读推荐★

《等待你去破解的世界未解之谜》（龚勋 / 主编）

【项目作业二】表达与交流

1. 在仔细地观察爸爸妈妈“制作家庭除垢剂”的实验后写一写，将实验的过程写清楚。

你可以这样来记录：

◎实验前，爸爸妈妈准备了多少白醋？多少水？

◎实验中，在加入白醋前与加入白醋后，气味有没有发生变化？颜色和形态呢？用这个除垢剂去擦污垢时，又有什么反应？你印象最深的是什么？

◎实验后，你有什么感受和收获？

根据这些问题，把实验写清楚，还可以写一写自己当时的心情。写完之后，读给爸爸妈妈听一听，看看哪里不通顺还可以改一改。

2. 说一说：将有趣的实验过程介绍给别人，和朋友一起试一试。

【项目作业三】梳理与探究

1. 判断下面图片中的物品，哪些含有醋酸。

图一：食醋

图二：冰块

图三：葡萄酒

图四：花生油

2. 认真观察生活中的现象，思考：醋酸给人体带来的都是好处吗？请查阅资料，列举事例说明。

字词补给站

积累下面与“干净”有关的成语和诗词。

井井有条　　焕然一新　　一尘不染　　窗明几净

洁白无瑕　　面目一新　　干净如洗　　纤尘不染

山下兰芽短浸溪，松间沙路净无泥，潇潇暮雨子规啼。

——［宋］苏轼《浣溪沙·游蕲水清泉寺》

茅檐长扫净无苔，花木成畦手自栽。

——［宋］王安石《书湖阴先生壁》

★实验大揭秘★

同学们，白醋加热之后，它所含有的醋酸成分会与水垢中的主要成分发生化学反应，生成可溶于水的化学物质。这样一来，污垢碰到白醋就会被“溶解”，可以轻松去污啦！

看我 72 变

亲爱的同学，你能数出多少种颜色？试一试！只要你数得出来的颜色，红、黄、蓝三兄弟都能协作调配出来，神奇吧！让我们从一个小实验开始，看红、黄、蓝三兄弟的 72 变吧！

活动过程

活动项目：红、黄、蓝 72 变

活动场所：室内

活动时长：15 分钟

实验准备：红、黄、蓝色素各一小瓶，一次性水杯若干

实验过程：

第一步：将红、黄、蓝色素分别滴入装有适量水的水杯中，调出红、黄、蓝三杯水。

第二步：将两种不同颜色的水分别兑入干净的水杯中，你会看到新的色彩产生啦！

活动流程：

动手做一做“红、黄、蓝 72 变”实验。

看一看色彩的变化，想一想新颜色是怎样形成的。

查一查资料，了解红、黄、蓝混合为什么能形成新的颜色。

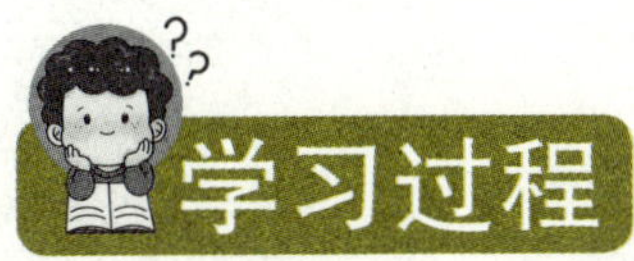

学习过程

学习目标：

1. 能参与并观察“红、黄、蓝 72 变”的实验过程。
2. 能查证实验中颜色发生变化的科学道理。
3. 能使用书面语和口头语表达观察所得。

学习项目：

【项目作业一】阅读与鉴赏

同学们，现在你们对神奇的三原色有点儿了解了吧。对于色彩的研究，人类可一直没有停止过。接下来，让我们一起阅读两篇充满色彩的文章！

【材料一】

色　彩

文 / 闻一多

生命是张没价值的白纸，
自从绿给了我发展，
红给了我热情，
黄教我以忠义，
蓝教我以高洁，
粉红赐我以希望，
灰白赠我以悲哀；
再完成这帧彩图，
黑还要加我以死。
从此以后，
我便溺爱于我的生命，
因为我爱他的色彩。

【材料二】

交通信号灯

文 / 心雨

一次班会课上，李老师给我们讲交通安全的知识。讲到交通信号灯时，我产生了一个疑问：为什么只能使用红灯、黄灯、绿灯呢？红灯为什么又可以作为最重要的停车指令呢？

很多同学都跟我有一样的疑惑，大家一窝蜂地围着李老师。李老师笑了笑，说：“我们人的眼睛里啊，有个视网膜，里面有着不同形状的感光细胞，分别是杆状和三种锥状的。杆状细胞呢，对黄色的光特别敏感，三种锥状细胞则分别对红光、绿光及蓝光最敏感。同学们，现在你们知道为什么用这三种颜色的信号灯了吗？”

噢，原来如此，看来我们视网膜里的这些感光细胞都有各自钟爱的颜色呀！真是太奇妙啦！

那为什么红色是最重要的？李老师接着告诉我们：“红光、绿光、蓝光也被认定为色光三原色。其中，红光在空气中的穿透能力强，照得远，而且光在传播的过程中，其他颜色很容易被散射，红光因为波长最长，所以就算是在空气能见度比较低的雾天，也很容易被看见，这样就能减少交通事故的发生。”

分析与理解

1. 获取信息：美术三原色是红色、黄色、蓝色；色光三原色是 ________、________、________。

2. 形成解释：你能和父母说一说，交通信号灯为什么会将红灯作为停车的指令吗？

3. 评价鉴赏：同学们，诗人闻一多在《色彩》中运用了丰富的想象。《色彩》是一首哲理小诗，反复读一读，想一想诗人为什么赋予这些颜色不同的含义。

★阅读推荐★

《地球：行星的力量》（［英］伊恩·斯图尔特、约翰·林奇／著　王昭力、聂永革、张真真等／译）

【项目作业二】表达与交流

1. 仔细地观察红色、黄色、蓝色变出新色彩的实验，然后写一写，将实验的过程写清楚。

你可以这样来记录：

◎实验前，你和家人准备了哪些实验所需要的材料？有哪些颜色的色素？实验之前你做了哪些猜想？

◎实验中，你们是怎么混合不同色彩的？你印象最深的是哪种颜色的变化？

◎实验后，你对产生新色彩这一现象有什么想法和感受？查证后明白是什么原理吗？

根据这些问题，把实验写清楚，还可以写一写自己当时的心情。写完之后，读给爸爸妈妈听一听，看看哪里不通顺还可以改一改。

2. 说一说：将有趣的实验过程介绍给别人，和朋友一起试一试。

【项目作业三】梳理与探究

1. 观察图中的现象，判断三原色有没有在发挥它们的作用。

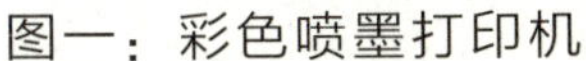
图一：彩色喷墨打印机

图二：日出

图三：红绿灯

2. 想一想：生活中哪些地方还能看到三原色施展本领的现象？查阅更多的资料，来支持你的观点。

字词补给站

积累下面与“颜色”有关的成语。

姹紫嫣红	桃红柳绿	齿白唇红	近朱者赤
黄粱一梦	炎黄子孙	金碧辉煌	金光闪闪
碧空如洗	碧海青天	阳春白雪	青出于蓝

★实验大揭秘★

色彩学上将红色、黄色、蓝色这三个独立的色称为三原色。所谓三原色，就是这三种色中的任意一色都不能由另外两种原色混合产生，而其他颜色都可以由这三色按照一定的比例混合出来，比如红色和黄色可以调配出橙色，如果红色多就偏红，黄色多就偏黄。

参考答案

喜欢淋雨的蚯蚓

【项目作业一】阅读与鉴赏

1. 有 4–5 个心脏，没有眼睛和耳朵，超强的抗疫免疫能力，再生能力，用皮肤呼吸，疏松土壤，可入药。

2. 呼吸，是指机体与外界环境之间气体交换的过程，机体细胞在进行氧化代谢时，要不断地摄取需要的氧气，同时排出所产生的二氧化碳。

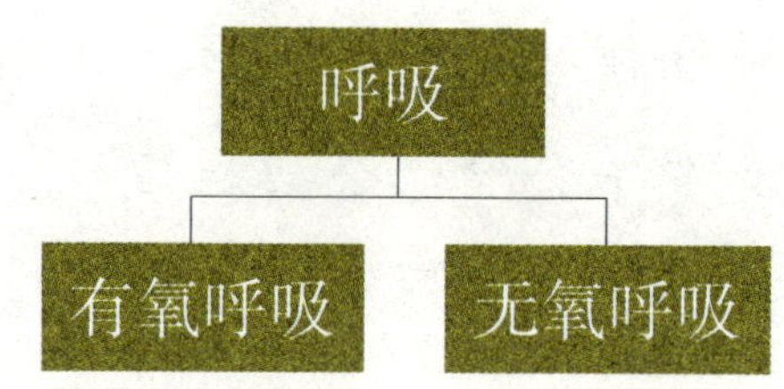

3. 答案略。

【项目作业三】梳理与探究

青蛙进入到冬眠状态的时候，它的肺就不会呼吸了，心脏也就停止跳动，主要依靠皮肤、口腔上皮进行呼吸。刺猬冬眠的时候，呼吸几乎停止，它的喉头有一块软骨，可将口腔和咽喉隔开，并掩紧气管的入口。生物学家曾把冬眠中的刺猬提来，放入温水中，浸上半小时，才见它苏醒。

树叶也会“出汗”吗？

【项目作业一】阅读与鉴赏

1. 答案不唯一。参考路线示例：土壤中的水分经由根毛、根内导管、茎内导管、叶内导管行至气孔，最后散发到大气中。

2. 应将袋子扎紧枝叶，而不是套住整个花盆。因为土壤会蒸发水分，这样就无法判定实验结果。

3. 蒸腾作用。（预测结局略）

【项目作业三】梳理与探究

1. 树要靠根吸收水分供应树叶，树在移植时难免伤到根系，影响水分的吸收。剪掉叶子就是减少树木的蒸腾作用，防止水分过多地挥发，提高成活率。

2. 答案略。

我的指纹名片

【项目作业一】阅读与鉴赏

1. ①弓形　②箕形　③斗形

2. 是凭借脚印破的案，每种动物的脚印都是不同的。

3. 收集班上同学的指纹，运用创意制作专属于班级的标志。文字解说示例：大家好，这是我们班的徽标，可别小看它，上面的每个花纹、造型都是由我们班同学手上的指纹组成的，一个个独特的指纹不仅构成了独一无二的图案，更代表着我们班是独一无二的班级！

【项目作业三】梳理与探究

1. 打卡机、手机指纹识别、指纹密码锁。

2. 答案不唯一。示例：指纹可以帮助我们快速查找到对应的人。

“鼻子门”事件

【项目作业一】阅读与鉴赏

1. 提示：可参照图片临摹，根据图片简要讲述。

2. 提示：注意手抄报要图文并茂，文字可以选择你感兴趣的部分。

【项目作业二】表达与交流

1. 根据实验记录单整理思路，可以把蝈蝈拟人来写，会更生动哦。

2. 答案略。

【项目作业三】梳理与探究

答案不唯一。比如狗的鼻子非常灵敏，猪的鼻子可以拱土等。

DIY人工琥珀

【项目作业一】阅读与鉴赏

1. 很早很早以前，我和弟兄们从松柏树上分泌出来，然后滴落在地上，经过几万年，我们被深埋在地底。昏昏沉沉地不知道过了几百万年，我的身体渐渐变硬，变得比石块还要硬，数不清多少次海水的冲刷、狂风的搬运，又是泥沙沉积……

2. 加热、对琥珀凹状进行注胶填充等。

3. 答案略。

【项目作业三】梳理与探究

1. 答案不唯一。示例：纯天然琥珀是石化的，所以硬度比手工琥珀高。纯天然琥珀和手工琥珀在光泽度、科学价值、艺术价值上也有天壤之别。

2. 这些物质都是由海洋生物或者一些陆地上的动植物深埋在地下，经过漫长时间的化学反应形成的。

穿过杯子的光

【项目作业一】阅读与鉴赏

1. 蜡烛　手电筒　萤火虫

2. 示例：光从光源传播出来，照射在不透光的物体上，不透光的物体把沿直线传播的光挡住了，在不透光的物体后面受不到光照射的地方就形成了影子。

3. 答案略。

【项目作业三】梳理与探究

图中现象都能说明光是沿直线传播的。

破解声音的密码

【项目作业一】阅读与鉴赏

1. 钢琴　pianoforte　弱强

2. 我仿佛看到春夜的寂静山中，桂花静静地开，静静地落，只留余香袅袅。月光转过树梢，惊动了栖息的鸟儿，鸟儿清脆的鸣啭顿时响起来，在山中回荡，伴着细细的流水声，更添幽静。

3. 答案略。

【项目作业三】梳理与探究

1. 长笛的笛身上有吹孔与指键孔相连。吹奏时，气流冲击边棱，激棱发音。用指尖控制指键启闭，以变换开管长度，产生不同音高。

琵琶的身部粘有品位，四条弦越过品位，系在覆手上，弹奏时，一手依据品位按弦，一手弹奏，品位高低与弦的粗细都会产生不同音高。

演奏扬琴时，用琴竹敲击弦上不同的位置，产生不同音高。

演奏竖琴时，手指拨动长短不同的琴弦，产生高低不同的旋律音。

2. 答案略。

空中旅行家

【项目作业一】阅读与鉴赏

1.

时间	发展
最早	从仓库上跳下安全着陆的记载。
元朝	中国杂技艺人用类似降落伞的装置进行“跳伞”表演。
15 世纪	意大利著名艺术家达·芬奇曾画了一幅降落伞草图，并作了说明。

2. 空气阻力越小，赛车的速度越快，下压力越大，赛车在弯道时的速度就越快。努力把空气阻力降到最小，下压力升到最大，车速就越快，所以说“谁控制好空气，谁就能赢得比赛”。

3. 答案不唯一，略。

【项目作业三】梳理与探究

1. 飞机、热气球、小汽车。

2. 不是，空气阻力大时，会使速度变慢，从而消耗动力。

合理利用空气阻力的答案不唯一。示例：车辆设计师设计合理的车型，以便减少空气阻力，加快车辆行驶速度。

捏不碎的鸡蛋

【项目作业一】阅读与鉴赏

1. 万有引力。

2. 因为圆形的边缘没有棱角，体型匀称，圆形每一个点上都分担了极少量的压力。

3. 答案略。

【项目作业三】梳理与探究

1. 能够起保护作用。比如：头盔、屋顶等。

2. 答案不唯一，示例：如果地球上失去重力，人会在空中飘浮，淋浴时水会洒得到处都是。

化皱为平

【项目作业一】阅读与鉴赏

1. 人们依据“能量转换”的原理，发明了很多东西。空调、冰箱、电饭锅的使用让人们能够更加舒适、生活更加便捷；汽车、火车的发明与使用更让人们能够日行千里。

2. 学习科学能让我们清楚地认识世界。神话传说凝聚着古人的智慧，流传至今已经形成文化，今天的我们仍然可以以欣赏的眼光去阅读，感受其文学魅力。

3. 答案略。

【项目作业三】梳理与探究

1. 电磁炉、电吹风、电水壶。

2. 家用电器。能量转换带给我们的不都是好处，有时能量转换不当，会给我们带来危害。

空气能占据空间吗？

【项目作业一】阅读与鉴赏

1. 答案略。

2. 它既可以保存太阳的热能，使地球变得温暖，适合动植物生存，又能挡住太阳辐射中的大部分紫外线，让动植物不受伤害。地球上所有的生命都离不开空气，它是我们每天都呼吸着的“生命气体”。

3. 答案不唯一。示例：当风吹过时，那是空气在散步。

【项目作业三】梳理与探究

1. 答案略。

2. 我们要爱护花草树木，不破坏绿色植物；外出时可以步行或者乘坐公交车，减少私家车的尾气排放。

知冷知热的温度计

【项目作业一】阅读与鉴赏

1. 空气中的热量主要来源于太阳，太阳辐射到达地面后，一部分被反射，一部分被地面吸收。地面吸收了热量，再通过辐射、传导和对流把热传给空气，这就是空气中热量的主要来源，而我也随着热量的多少而变化。北半球的夏天，太阳直射时间较长，我在温度计上的示数就比较高；到了冬天，太阳直射时间变短，示数就会变小。

2. 因为作者觉得是大自然宁静带来的凉意。

3. 答案不唯一。如《春日》《小池》《枫桥夜泊》《江雪》。

【项目作业三】梳理与探究

1. 答案不唯一。示例：气温和我们息息相关，比如说穿衣，气温的高低直接决定着我们穿着的厚薄。气温对于我们的饮食影响也很大，例如，夏天我们常常吃些冷冻食品来降温；冬天会吃火锅，保暖。

2. 答案不唯一。示例：买来的罐头很难打开是因为工厂生产时放进去的食物是热的，气体膨胀，冷却后里面气体的体积变小，外部大气压大于内部。可以利用热胀的原理，把罐头稍微加热，使内部温度升高，气体膨胀后就很容易打开了。

紫外线的秘密

【项目作业一】阅读与鉴赏

1. 答案不唯一，可以采取多样化表格或者图示。示例：

紫外线强度	外出建议
0-2 级	戴太阳帽
3 级	太阳帽、太阳镜、防晒霜
5-6 级	在阴凉处行走
7-9 级	上午 10 点到下午 4 点不去沙滩晒太阳
> 10 级	避免外出

2. 凿壁偷光　悬梁刺股　囊萤映雪　韦编三绝

3. 答案略。

【项目作业三】梳理与探究

1. 太阳伞、冰袖、防晒霜。

2. 紫外线对植物是会有影响的，紫外线增多时，植物的茎部会相对矮小，叶面也会缩小，毛茸发达，叶绿素也会增加，颜色更鲜艳。

变来变去的月亮

【项目作业一】阅读与鉴赏

1. 天狗吃月。

2. 一是由钱塘江入口的杭州湾的地理位置决定的；二是由月球引力引起的。

3. 答案略。

揭开霜的神秘面纱

【项目作业一】阅读与鉴赏

1. 霜的形成不仅和当时的天气条件有关，而且与所附着的物体的属性也有关。

2. 答案略。

3. “霜”是近地面层的水汽凝华而成的，因此“霜满天”是不太可能出现的现象，作者这样写只是为了表达天气的寒冷。

4. 答案略。

【项目作业三】梳理与探究

1. 利用高温消毒、烹饪；利用空调调节室温；利用低温保鲜。

2. 冬夜，室内的水蒸气常在窗玻璃上凝华成冰晶；树枝上的“雾凇”；从冰箱里拿出来的冰棍结了一层“霜”。

真球不怕火炼

【项目作业一】阅读与鉴赏

1. 固态　液态　气态　物态变化

2. 参考方向：早晨，气温开始回升，加剧了水分蒸发，使大气中包含了足够的水汽；夜间，由于天气晴朗，大地向外散热，结果使气温下降，水汽相对过剩；凌晨气温最低，水汽直接凝华到禾苗和草木上，形成霜冻。

3. 熔化、凝固、汽化、液化、升华、凝华。

【项目作业三】梳理与探究

1. ①冰块融化吸热，降低温度，从而保持食品新鲜。

②向结冰的路面撒盐，会使冰更快融化成水，防止打滑。

③这种新型聚乙烯材料，可以在15℃ ~ 40℃之间发生物态变化，利用放热与吸热，使房间“冬暖夏凉”。

④火箭头使用的特殊涂层在熔化时，会吸收大量的热，从而降低火箭与空气互相摩擦时产生的高温损耗。

2. 答案略。

去垢大作战

【项目作业一】阅读与鉴赏

1. ①去污　②杀菌　③美容

2. 醋中含有乳酸、氨基酸、甘油等化合物，故对人体皮肤有柔和的刺激作用，能促进血管扩张及营养供应，使皮肤变得丰润饱满。

3. 第一种：明日逢春好，不晦气；终年倒运少，有余财。第二种：明日逢春，好不晦气；终年倒运，少有余财。

【项目作业三】梳理与探究

1. 食醋、葡萄酒。

2. 不是，醋酸过量会损坏人体黏膜。

看我72变

【项目作业一】阅读与鉴赏

1. 红光　绿光　蓝光

2. 红光在空气中的穿透能力强，照得远。而且光在传播的过程中，其他颜色很容易被散射，红光因为波长最长，所以就算是在空气能见度比较低的雾天，也很容易被看见，这样就能减少交通事故的发生。

3. 答案不唯一。示例："绿"是小草发芽的颜色，是树木吐叶的颜色，它象征着生命的诞生，新事物的开端、发展。因此，诗人说"绿给了我发展"。

【项目作业三】梳理与探究

1. 图一：彩色喷墨打印机利用三原色原理打印出色彩。

图二：夕阳西下时形成的"红光"世界。

图三：交通信号灯用红色作为信号光，发出停止命令。

2. 答案略。